创新理念下的
文创产品设计研究

徐庭丽　　黄泽平◎著

中国商务出版社

·北京·

图书在版编目（CIP）数据

创新理念下的文创产品设计研究/徐庭丽，黄泽平
著.--北京：中国商务出版社，2024.8.--ISBN 978-
7-5103-5351-2

Ⅰ.G114

中国国家版本馆CIP数据核字第20244CT859号

创新理念下的文创产品设计研究

CHUANGXIN LINIAN XIADE WENCHUANG CHANPIN SHEJI YANJIU

徐庭丽　黄泽平　著

出版发行：中国商务出版社有限公司

地　　址：北京市东城区安定门外大街东后巷28号　　邮　　编：100710

网　　址：http://www.cctpress.com

联系电话：010—64515150（发行部）　　010—64212247（总编室）

　　　　　010—64515164（事业部）　　010—64248236（印制部）

责任编辑：丁海春

排　　版：北京盛世达儒文化传媒有限公司

印　　刷：宝蕾元仁浩（天津）印刷有限公司

开　　本：710毫米×1000毫米　　1/16

印　　张：14　　　　　　　　　　字　　数：225千字

版　　次：2024年8月第1版　　　　印　　次：2024年8月第1次印刷

书　　号：ISBN 978-7-5103-5351-2

定　　价：79.00元

随着生活水平的不断提高，人们对于文化消费的需求日益增长。文创产品作为文化与创意的结合体，不仅承载着丰富的文化内涵，更以其独特的设计和创新的形式满足了人们对于精神文化的追求。在这样的背景下，创新理念在文创产品设计中的融入变得至关重要。

创新理念为文创产品设计带来了全新的思路和方法。它促使设计师突破传统的思维模式，站在新的角度去挖掘文化元素，并以新颖的方式进行呈现，赋予文创产品更加生动、立体的表现形式，增强用户的体验感。又或者将不同文化元素进行巧妙融合，创造出具有独特魅力的跨界文创产品。创新理念还推动了文创产品在功能和用途上的拓展。不再局限于传统的观赏和收藏价值，文创产品开始与人们的日常生活紧密结合。

然而，在创新理念的实践过程中，文创产品设计也面临着一系列的问题和挑战。如何在创新的同时保持文化的传统性和本真性，避免对文化的曲解和滥用，是一个需要深入思考的问题。有些文创产品为了追求新奇，过度改变文化元素的原有形态和内涵，导致文化价值的缺失。同时，创新理念的实施还需要考虑市场需求和消费者的接受程度。一些过于前卫或复杂的设计可能会让消费者感到难以理解和接受，从而影响产品的市场推广。此外，创新也需要兼顾成本和可生产性，确保设计能够转化为实际的产品。

本书的编写，旨在深入研究创新理念下的文创产品设计，本书将从多个角度进行分析，总结出有效的创新策略和方法。本书在编写过程中，搜集、查阅和整理了大量文献资料，在此对学界前辈、同行和所有为此书编写工作提供帮助的人员致以衷心的感谢。由于篇幅有限，本书的研究可能存在不足之处，恳请各位专家、学者及广大读者提出宝贵意见和建议。

作　者

2024年2月

C目录
ONTENTS

第一章

文创产品设计的基本认知

第一节　文创产品设计的概念

一、文创产品设计的概念界定

（一）文化

文化是人类社会发展的产物，是特定社会群体在长期的历史发展过程中积累起来的知识、信仰、艺术、道德、法律、习俗以及所有其他能力与习惯的综合体现。其涵盖了物质文化、制度文化和精神文化三个方面。

文化的内涵深远且广泛，它不仅包括了人类创造的物质实体，还涵盖了人类社会中的一切观念、信仰和习俗。文化具有传承性和发展性，是人类社会不断前进的重要动力之一。在文创产品设计中，文化作为核心要素，体现了特定地域、民族或时代的风貌和价值观，是产品设计的灵魂所在。

（二）创意

创意是指通过独特的思维方式，产生新颖独特的想法和构思，是创新思维的具体表现。创意不仅是艺术和设计领域的核心要素，更是推动各行各业不断创新、发展的原动力。

在文创产品设计中，创意是将文化内涵转化为具体产品的关键环节。优秀的创意能够使产品具有独特的吸引力和竞争力，使其在市场中脱颖而出。创意不仅体现在产品的外观设计上，还体现在其功能、使用方式以及营销策略等多个方面。

（三）产品

产品是指生产、加工或服务等所产生的物质或非物质成果，能够满足人们的某种需求。产品可以是具体的物品，也可以是服务、体验等形式。

文创产品是将文化和创意有机结合，形成具有独特文化内涵和创意价值的产品。这类产品不仅具有实用性和功能性，还能通过文化内涵和创意设计，传递特定的文化信息和价值观念，增强用户的文化体验和情感共鸣。

（四）设计

设计是指通过科学的构思、规划和制作，将创意转化为具体产品的过程。设计不仅涉及产品的外观造型，还包括其结构、功能、材料选择以及生产工艺等多个方面。

在文创产品设计中，设计是将文化和创意转化为具体产品的关键环节。优秀的设计不仅能够使产品具有美观的外形，还能确保其功能性和实用性，同时体现出深刻的文化内涵和创意价值。设计师需要通过细致入微的设计工作，将抽象的文化内涵和创意构思，转化为具体可感的产品形态。

二、文创产品设计的构成要素

（一）文化内涵

文化内涵是文创产品设计的核心构成要素之一，承载着丰富的文化信息和深厚的价值观念，它不仅仅是产品的外在表现，更是产品灵魂的体现。在文创产品设计中，文化内涵的融入不仅仅是为了增加产品的美观性和吸引力，更是为了让消费者在使用产品的过程中，能够感受到文化的力量和温度。

当我们深入探究文化内涵时，会发现它不仅仅包含产品的外在形象，更重要的是其背后的历史、故事和文化背景。这些元素共同构成了文创产品的独特魅力，使其不仅仅是一件商品，更是一件艺术品，一件承载着文化记忆和历史传承的珍品。

在文创产品设计中，文化内涵的传递方式多种多样，设计师巧妙地运用图案、符号、色彩、材质等元素，将文化内涵融入产品的每一个细节之中。例如，具有中国特色的文创产品常常采用龙、凤等传统图案，这些图案不仅代表着中国的传统文化，更有着吉祥、幸福等美好的寓意。同时，结合红色、金色等传统色彩，这些色彩在中国文化中代表着喜庆、富贵等寓意，使得产品更加具有浓厚的中华文化氛围。

此外，设计师还会通过产品的材质、工艺等来传递文化内涵。比如，采用传统的手工艺制作方式，结合现代设计元素，创造出既有传统韵味又不失现代感的产品。这样的产品不仅具有实用性，更是一件具有收藏价值的艺术品。

（二）功能

功能是文创产品设计中不可或缺的一环，它直接关系到文创产品能否满足用户的实际需求。在探讨文创产品的功能时，这里的功能不仅仅是指产品的基础或通用功能，更是指文创产品所特有的，能够为用户提供某种特定价值或满足某种特定需求的实用价值。

对于文创产品而言，文化内涵是其核心，但仅有文化内涵是远远不够的。一个优秀的文创产品，不仅要传达出深厚的文化底蕴，更要在日常生活中为用户提供实质性的帮助，使其具有实用性。这种实用性体现在产品能够满足用户的日常使用需求，为用户带来便利和舒适。

在进行文创产品的功能设计时，我们需要充分考虑产品的用途、使用环境和目标用户群体等因素。例如，当我们设计一款文创家居产品时，我们不仅要考虑产品的外观设计是否能够融入家庭环境，更要关注其在家庭环境中的实际使用效果。这款家居产品是否能够为用户提供便捷的使用体验？是否能够与家庭中的其他物品相协调？这些都是我们在设计过程中需要考虑的问题。

同样地，当我们设计一款文创办公用品时，我们也需要关注其在工作环境中的实用性和便利性。这款办公用品是否能够提升用户的工作效率？是否能够为用户带来更好的工作体验？

总之，功能是文创产品设计中的一个重要构成要素。一个优秀的文创产品不仅要有丰富的文化内涵，更要有实用的功能设计。

（三）造型

造型是文创产品设计中的关键要素之一，承载着产品的外在形象，是产品设计中最直接且引人注目的表现形式。它不仅仅是一种外在的装饰，更是文创产品灵魂的体现，直接关联着产品的功能实现和文化价值的传递。

在文创产品设计中，造型设计扮演着举足轻重的角色。

一方面，从美学的角度出发，造型设计需要独具匠心，富有艺术气息。它应该具有独特的创意和新颖的视角，能够迅速吸引用户的目光，让人在欣赏其美感的同时，感受到设计者的巧思与匠心。同时，这种美感还需要与产品的文化内涵相契合，让用户在欣赏造型美的同时，也能感受到产品所蕴含的文化底蕴。

另一方面，从功能学的角度来看，造型设计需要严谨细致，符合人体工程学和使用习惯。它应该充分考虑用户的使用需求和操作习惯，确保产品的实用性和舒适性。比如，产品的尺寸、重量、材质等都需要经过精心考量，以确保用户在使用过程中能够感受到舒适和便捷。此外，造型设计还需要考虑到产品的使用环境和使用场景，确保产品在不同环境下都能够发挥出其应有的功能。

因此，在文创产品设计中，造型设计既是一种艺术表达，也是一种科学探索。其需要设计师在追求美感和功能性的同时，不断挖掘和提炼产品的文化内涵，让产品在具有实用性的同时，也能够传递出深厚的文化意蕴。这样的文创产品不仅能够满足用户的物质需求，更能够触动用户的内心情感，成为连接用户与文化的桥梁。

（四）物质技术条件

物质技术条件可以从两个方面进行论述，即制作材料和工艺技术。这两者并非孤立存在，而是紧密相连，共同构成了文创产品的独特魅力和价值。材料和工艺的选择，犹如为文创产品注入了灵魂，不仅决定了其外在的质感和形态，更深刻地影响了产品的质量、成本以及最终的使用效果。

在文创产品设计中，对材料的选择并非随心所欲，而是需要深思熟虑。设计师首先要深入理解产品的文化内涵，确保所选材料能够完美诠释产品的主题和理念。比如，对于传统文化主题的文创产品，设计师可能会倾向于选择那些具有深厚历史底蕴和地域特色的材料，如陶瓷、木材、织物等。这些材料本身就承载着丰富的历史信息和文化符号，与传统文化主题相得益彰，能够引发消费者的共鸣。

同时，设计师还需要考虑产品的功能需求。不同的文创产品具有不同的使用场景和用途，对材料的要求也不相同。例如，一些需要频繁触摸和使用的文创产品，需要选择耐磨、抗摔、易清洁的材料；而一些用于装饰和展示的文创产品，则更注重材料的质感和美观度。

此外，市场定位也是材料选择的重要因素。设计师需要了解目标消费者的喜好和需求，选择符合他们审美和预算的材料。对于高端市场，可以选择更为昂贵和稀有的材料，以体现产品的奢华和尊贵；而对于大众市场，则需要选择价格适中、性价比高的材料，以满足消费者的实际需求。

在工艺技术的选择上，同样需要综合考虑产品的文化内涵、功能需求和市场定位。传统工艺技术如雕刻、刺绣、编织等，可以为文创产品增添独特的艺术魅力和文化价值；而现代科技如3D打印、智能材料等，则可以为文创产品带来更为丰富的表现形式和互动体验。设计师需要根据产品的特点和目标消费者的需求，选择合适的工艺技术，确保产品既具有文化内涵和艺术价值，又符合市场需求和消费者喜好。

总之，物质技术条件在文创产品设计中具有举足轻重的地位。设计师需要深入了解产品的文化内涵、功能需求和市场定位，精心选择材料和工艺技术，为文创产品注入独特的灵魂和魅力。

三、文创产品设计的基本要求

（一）文创产品设计的文化性要求

文创产品设计的文化性要求，实际上是对产品内在精神的一种追求和体现。

这种文化性不仅要求产品具备外在的、可见的文化元素，更需要在产品的设计过程中，深入理解和挖掘文化的深层含义，从而确保产品能够传递出文化的精髓和价值观念。

首先，文创产品的文化性要求设计师具备深厚的文化素养和敏锐的洞察力。设计师需要广泛涉猎，对不同的文化有深入的了解和研究。只有这样，设计师才能在设计过程中准确地把握文化的精髓，将其巧妙地融入产品中。

其次，文创产品的文化性要求设计师在设计过程中应注重细节和精致度。文化元素的运用不是简单的堆砌和模仿，而是需要通过设计师的精心设计和处理，将其巧妙地融入产品的每一个角落和细节之中。这种精细入微的设计处理方式，能够使文创产品更加具有文化韵味和吸引力。

以敦煌文化为主题的文创产品设计为例，设计师需要深入研究敦煌壁画的艺术风格和历史背景，从中汲取灵感和创意。在设计过程中，设计师需要将这些文化元素进行巧妙的提炼和转化，通过独特的设计语言将其表现出来。例如，在产品的造型设计上，可以借鉴敦煌壁画中的佛像、飞天等形象，通过现代设计手法进行再创作；在产品的色彩搭配上，可以运用敦煌壁画中特有的色彩搭配方式，营造出独特的视觉效果；在产品的材质选择上，也可以考虑使用与敦煌壁画相似的材质，如丝绸、陶瓷等，以增加产品的文化气息。

（二）文创产品设计的创造性要求

文创产品设计的创造性要求，实际上是对设计师提出的一种深层次的艺术追求与商业价值的结合。这种创造性并非凭空而来，而是基于设计师对传统文化的深入理解、对现代审美的敏锐把握以及对用户需求的精准洞察。

首先，创造性要求设计师具备开阔的视野。这不仅仅是对设计领域的广泛涉猎，更是对多元文化的包容与理解。设计师需要跨越地域、时间、学科的界限，寻找那些能够触动人们内心的元素，将其融入文创产品的设计中去。这种视野的开阔性，能够使设计师打破思维定式，产生更多富有创意的灵感。

其次，丰富的想象力是文创产品设计创造性的重要来源。设计师需要将自己的想象力发挥到极致，将那些看似不相关的元素进行巧妙的组合，产生令人眼前一亮的设计效果。同时，想象力也需要与实用性相结合，确保文创产品既具有艺术价值，又能够满足用户的实际需求。

具体到设计实践中，创造性要求设计师能够提出新颖独特的设计方案。例如，设计具有互动功能的文创产品，就是一种将传统与现代相结合的创新尝试。通过运用智能技术，让文创产品与用户产生互动，不仅能够增强产品的趣味性，还能够提升用户的参与感和归属感。这种互动性的设计，不仅能够吸引用户的眼球，还能够加深用户对产品的记忆和印象。

此外，创造性还要求设计师具备对细节的把控能力。在文创产品的设计中，每一个细节都可能成为影响用户体验的关键因素。因此，设计师需要在细节上做到精益求精，确保产品的每一处都充满创意和美感。这种对细节的把控能力，不仅能够提升文创产品的整体品质，还能够增强产品的竞争力。

（三）文创产品设计的功能性要求

功能性要求是确保产品能够融入用户日常生活，为用户带来实际价值的关键。这一要求强调文创产品不仅要具备美学价值和文化内涵，更要具有明确且实用的功能，从而满足用户在特定场景下的具体需求。

设计师在构思文创产品时，需要深入探索用户的实际需求和使用习惯。他们不仅要考虑产品的核心功能，还要关注这些功能在实际使用中的表现。以文创办公用品为例，设计师在设计之初就需要充分考虑这些产品在办公环境中的使用情况。例如，一款便携式的笔记本，不仅要考虑其外观的美观性，还要注重其便携性，确保用户能够轻松携带；同时，笔记本的书写感受也是设计师需要重点关注的，如纸张的质感、笔迹的流畅度等，这些都直接影响到用户的书写体验。

除此之外，设计师还需要考虑产品的耐用性和稳定性。文创产品不仅仅是短暂的艺术品，更是用户日常生活中的一部分。因此，设计师需要在保证产品美观和实用的同时，注重产品的材质选择和工艺制作，确保产品能够在长时间的使用中保持稳定的性能。

（四）文创产品设计的审美性要求

审美性对于文创产品而言，不仅仅是一种外在的表现，更是其内在品质的重要体现。这种要求推动设计师在创造过程中，不仅仅追求功能的实现，更要在艺术层面上进行深入的探索和尝试。

在审美性要求的驱动下，设计师需要具备深厚的艺术修养和敏锐的审美能力。他们需要对造型、色彩、材质等元素有深入的理解和掌握，通过不断的实践和创新，将这些元素巧妙地融合在一起，创造出具有独特美感的文创产品。

审美性要求体现在文创产品的各个方面。以文创家居产品为例，设计师需要考虑其在家庭环境中的装饰效果，让产品不仅具有实用性，还能成为家庭环境中的一道亮丽风景线。通过优美的造型与和谐的色彩搭配，可以营造出一种温馨、舒适的家居氛围，让用户在使用产品的同时，也能获得美的享受。

在造型设计上，文创产品需要注重线条的流畅性和整体感。设计师可以通过对造型的精心构思和打磨，让产品呈现出一种独特的美。同时，设计师还需要考虑到产品的实用性和易用性，让造型在美观的同时，也符合人体工程学的原理，方便用户的使用。

在色彩搭配上，文创产品需要注重色彩的和谐性和协调性。设计师可以通过对色彩的深入研究和运用，让产品呈现出一种独特的色彩风格。同时，设计师还需要考虑不同用户对色彩的偏好和感受，在美观的同时，也能符合用户的心理需求。

在材质选择上，文创产品需要注重材质的质感和触感。设计师可以通过对不同材质的探索和尝试，找到最适合产品的材质。同时，设计师还需要考虑材质的安全性、环保性和耐用性等，让材质在美观的同时，也符合产品的品质要求。

（五）文创产品设计的运用性要求

运用性要求，在文创产品的设计中，是一个至关重要的考量因素。它不仅关乎产品的实用价值，更直接影响到用户的整体体验。当我们谈论文创产品的运用性时，我们实际上是在强调它在使用过程中的便捷性、舒适性和实用性。

为了满足运用性要求，设计师在文创产品的设计过程中，必须深入研究和理解用户的使用习惯。这包括对用户行为模式、操作习惯、心理需求等多方面的考虑。通过深入了解用户，设计师可以确保产品在结构设计、功能布局、操作界面等方面都符合用户的实际需求和使用习惯。

以文创电子产品为例，运用性要求的体现尤为明显。在设计这类产品时，设计师需要特别关注操作界面的简洁性和易用性。一个简洁明了的操作界面，能够降低用户的学习成本，使他们能够快速上手并享受产品带来的乐趣。同时，通过合理的布局和人性化的设计，可以让用户在使用过程中感到舒适和便捷，从而提升整体的用户体验。

此外，设计师还需要在细节上下功夫。比如，按键的触感、屏幕的清晰度、电池的续航能力等，都是影响用户体验的关键因素。通过精心设计和优化这些细节，可以让文创产品在使用过程中更加贴心和便捷，从而满足用户的运用性要求。

四、文创产品设计的主要领域

文创产品设计涵盖了多个领域，每个领域都有其特点和设计要求。以下是文创产品设计的几个主要领域。

（一）文创家居产品

文创家居产品以其独特的文化内涵和创意设计，为人们的生活空间注入了新的活力与魅力。这类产品不仅满足了人们日常生活中的实际需求，更在无形中提升了家庭环境的美感和文化氛围，成为现代家庭不可或缺的一部分。

在设计文创家居产品时，设计师首先要考虑的是家庭环境的实际使用需求和装饰效果。他们深入挖掘传统文化的精髓，将传统元素与现代设计理念相融合，创造出既符合现代审美又充满文化内涵的家居用品。这种设计方式不仅让产品具备了实用功能，更通过独特的造型、色彩和材质设计，为家庭环境增添了独特的艺术气息。

例如，以传统文化为主题的家居产品，设计师将传统图案和现代设计元素相结合，通过巧妙的构图和色彩搭配，让传统元素焕发出现代魅力。这些产品往往采用优质的材料制作，不仅触感舒适、经久耐用，更能传递出传统文化的韵味和品质。在家庭的各个角落中，这些文创家居产品都能成为一道亮丽的风景线，为家庭环境增添浓厚的文化氛围。

此外，文创家居产品还注重与家庭环境的整体搭配。设计师会根据不同的家庭风格和装饰需求，提供个性化的设计方案和定制服务。无论是简约现代的家装风格还是古典雅致的中式风格，都能找到与之相匹配的文创家居产品。这些产品不仅能让家庭环境更加美观舒适，还能在无形中提升家庭成员的文化素养和审美品味。

（二）文创办公用品

如今，文创办公用品已在办公领域崭露头角。它们不仅仅是为了满足日常办公的基本需求，更是将深厚的文化内涵和精妙的创意设计巧妙地融入其中，使每一样办公用品都如同一件艺术品，充满了独特的韵味。

在文创办公用品的设计过程中，对于实用性的追求自然是必不可少的。毕竟，作为办公用品，其本质属性就是要服务于人们的日常工作。但与此同时，设计师更是倾注了大量的心血，将各种文化元素和创意理念巧妙地融入其中，使这些产品不仅具备了实用功能，更成为提升办公环境文化氛围的重要元素。

具体来说，文创办公用品的设计需要充分考虑到办公环境的实际使用需求和便捷性。比如，一款以现代科技为主题的办公用品，设计师可能会结合最新的智能技术，创造出具有互动功能的产品。这样的设计不仅提升了工作效率，更让人们在工作的过程中感受到了科技的魅力和乐趣。

此外，文创办公用品的设计还非常注重人性化的体验。它们不仅仅是冷冰冰的办公工具，更是能够带给人们温暖和舒适感的伙伴。比如，一款设计精美的笔筒，可能采用了柔和的曲线和温暖的色调，让人在拿起笔的瞬间就能感受到一种愉悦和放松。

（三）文创电子产品

文创电子产品融合了文化深度与电子科技的精髓，已然成为现代生活中的一道亮丽风景线。这些产品不仅仅是一台台冰冷的电子设备，更承载着丰富的文化内涵与独特的创意设计。它们通过巧妙的结合，使高科技功能与文化体验得以并行不悖，为用户带来前所未有的使用体验。

文创电子产品的设计过程，是一项极具挑战性的工作。设计师需要在保证产品高科技功能的前提下，深入挖掘文化内涵，寻找与产品相契合的文化元素。这不仅仅是技术的较量，更是对设计师文化底蕴和设计能力的考验。在设计过程中，先进技术与文化元素得以完美融合，共同构建出独特且富有内涵的文创电子产品。

以一款以传统文化为主题的智能手表为例，这款手表的设计融合了传统图案与现代科技。设计师从传统文化中汲取灵感，将传统图案巧妙地融入手表的外观设计中，使手表在视觉上充满了文化韵味。同时，手表还具备了现代科技的各项功能，如健康监测、智能提醒等，为用户提供了便捷的生活服务。这样一款手表，既具文化底蕴又功能强大，真正实现了文化与科技的完美融合。

在文创电子产品的世界里，我们可以看到无数设计师用心血和汗水铸就的杰作。他们通过不断地探索和创新，将文化与科技紧密结合在一起，为用户带来了丰富多彩的文化体验。这些文创电子产品不仅仅是一种商品，更是一种文化的传承和弘扬。它们以独特的方式传递着文化的魅力，让人们在享受科技带来的便捷的同时，也能受到文化的熏陶和滋养。

（四）文创服饰及配饰

文创服饰及配饰不仅仅是服装和配饰的简单结合，更是一种将深厚文化底蕴与现代设计美学完美结合的产物。

文创服饰及配饰的核心理念是将文化的精髓融入每一件作品中。无论是古代的历史故事，还是现代的民俗风情，都可以成为设计师灵感的源泉。这些文化元素在设计师的巧手下，被赋予了新的生命，以服饰和配饰为载体，向世人展示着文化的独特魅力。

在设计过程中，文创服饰及配饰注重与流行趋势的紧密结合。设计师不仅要对传统文化有深入的了解，还需要对当前的时尚趋势有敏锐的洞察力。只有这样，他们才能将传统与现代完美融合，创造出既有文化底蕴又符合现代审美的作品。

以民族文化为主题的服饰为例，设计师会深入研究民族文化的各个方面，包括服饰的历史、风格、图案、色彩等。然后，设计师会将这些元素与现代时尚元素相结合，通过巧妙的剪裁、独特的图案设计、丰富的色彩搭配等，创造出既有民族特色又具现代感的时尚服饰。这些服饰不仅展示了民族文化的魅力，还融入了现代审美，让人们在穿着中感受到文化的力量。

同时，文创服饰及配饰也注重实用性。设计师会考虑到不同人群的穿着需求，设计出适合各种场合的服饰和配饰。这些产品不仅具有观赏价值，还具有实用价值，能够满足人们的日常穿着需求。

（五）文创旅游纪念品

文创旅游纪念品不仅仅是一种商品，更是文化的载体和故事的讲述者。这些纪念品将地方的文化底蕴和设计师的创意巧妙地结合在一起，使每一个产品都成为独特的艺术品，具有深远的纪念意义和文化价值。

在设计文创旅游纪念品时，必须深入研究和了解旅游地的文化背景。这包括了解当地的历史、民俗、传说以及独特的建筑风格等。只有这样，我们才能准确地把握地方的文化特色，将其融入产品的设计中去。同时，我们还需要关注游客的需求，了解他们的喜好和审美观念，确保产品能够吸引他们的目光，引起他们的共鸣。

例如，以古迹文化为主题的旅游纪念品，设计师可以通过深入挖掘古迹的历史背景和文化内涵，将其融入产品的设计中。比如，可以设计出以古迹形象为原型的摆件或装饰品，通过精细的工艺和独特的设计，让游客在家中就能感受到古迹的魅力和韵味。同时，还可以在纪念品上刻上相关的历史故事或传说，让游客在欣赏产品的同时，也能了解到更多的文化知识。

除了古迹文化，文创旅游纪念品的设计还可以涉及当地的民俗风情、特色美食、传统手工艺等多个方面。通过将这些元素巧妙地融入产品中，我们可以创造出更多具有地方特色的旅游纪念品，让游客在旅行结束后能够带走一份美好的回忆和独特的文化体验。

（六）文创礼品

文创礼品不仅具有传统礼物的馈赠功能，更通过其别具一格的设计，展现了送礼者的独特品位和真挚心意。

在文创礼品的设计过程中，设计师需要充分考虑送礼的场合以及受礼者的需求。不同的送礼场合需要不同的礼品来衬托，而受礼者的年龄、性别、爱好等因素也会直接影响到礼品的选择。因此，设计师会深入研究各种文化背景和人群特征，力求在设计中融入最符合场合和受礼者需求的元素。

例如，以节日文化为主题的文创礼品，设计师会深入挖掘节日背后的文化内涵，将节日元素与创意设计相结合，创造出既具有节日氛围又独具创意的礼品。比如，在春节期间，设计师可能会运用红色、金色等代表喜庆和富贵的色彩，结合传统的吉祥图案和现代的设计手法，打造出既具有中国传统韵味又充满现代感的文创礼品。这样的礼品让受礼者不仅能感受到节日的喜庆氛围，还能在欣赏设计的同时感受到送礼者的用心和关怀。

同时，文创礼品的设计还需要注重其精致度和实用性。精致的设计能够提升产品的礼赠价值，让受礼者感受到送礼者的重视和尊重；而实用性则能让礼品在日常生活中得到更多的应用，从而增加受礼者对礼品的喜爱和珍惜程度。因此，设计师会在设计中追求精致与实用的完美结合，力求让每一件文创礼品都成为受礼者心目中的珍品。

（七）文创文具

文创文具不仅仅是学习、工作时的辅助工具，更是一种能够触动人心的文化载体。它们以其独特的魅力，将文化的底蕴与创意的火花巧妙结合，赋予了文具更深层次的内涵。

在文创文具的设计过程中，设计师需要深入了解使用者的需求，关注他们的使用习惯和使用环境。他们需要考虑到文具的实用性，确保在使用过程中能够为用户带来便利。同时，他们还需要将文化元素与创意设计相结合，让文具在实用的基础上，更富有文化韵味和审美价值。

例如，以传统书法文化为主题的文创文具，设计师会深入研究书法的历史、内涵和技巧，从中汲取灵感。他们会将书法的笔触、结构和意境融入文具的设计中，使文具在外观上呈现出书法的独特美感。同时，他们还会结合现代设计的理念，让文具在保持传统文化底蕴的同时，更加符合现代审美和使用习惯。这样的设计，既能够让用户在使用时感受到传统文化的魅力，又能够提升他们的学习和工作效率。

此外，文创文具的设计还需要考虑到不同用户的需求和喜好。无论是学生、职场人士还是书法爱好者，都可以找到适合自己的文创文具。这些文具不仅能够满足他们的基本需求，还能够为他们带来独特的文化体验和情感共鸣。因此，文创文具不仅仅是一种产品，更是一种生活态度和文化追求的表达。

（八）文创玩具

文创玩具不仅仅是孩子们手中的玩伴，更是文化的传递者，教育的使者。这类玩具巧妙地融合了文化内涵与创意设计，如同一个文化的小宇宙，充满了无限的可能性和探索的乐趣。

首先，文创玩具的娱乐功能是毋庸置疑的。它们以独特的造型、鲜艳的色彩和多样的玩法吸引着孩子们的目光，让孩子们在玩耍中感受到快乐和满足。然而，这仅仅是文创玩具的冰山一角。更重要的是，它们还承载着文化的重量，传递着文化的信息。

在设计文创玩具时，设计师需要深入研究儿童的兴趣和需求。他们不仅要关注孩子们喜欢什么、需要什么，还要思考如何通过设计将这些文化元素巧妙地融入玩具中，让孩子们在玩耍的过程中自然而然地接受文化的熏陶。例如，设计一款以历史文化为主题的文创玩具，设计师可以深入研究历史，选取孩子们易于理解的历史故事和人物，通过创新的设计将这些元素融入玩具中。这样的玩具不仅具有趣味性，还能让孩子们在玩耍中学习到历史知识，感受到文化的魅力。

其次，文创玩具还具备很高的教育价值。它们通过独特的设计，引导孩子们在玩耍中培养观察力、想象力和创造力。例如，一些以科学为主题的文创玩具，可以通过让孩子们亲手搭建、探索、实验等方式，激发他们的科学兴趣，培养他们的科学素养。这样的玩具不仅能让孩子们在玩耍中获得乐趣，还能让他们在无形中学习到知识，提升自我。

（九）文创艺术品

文创艺术品是文化深度与艺术创新的完美融合。它们不仅仅是艺术品，更是文化的载体和传承者。每一件文创艺术品都承载着丰富的文化内涵，通过艺术家们的精心设计和创作，将文化的精髓融入其中，让人们在欣赏艺术之美的同时，也能感受到文化的魅力和内涵。

在文创艺术品的设计过程中，艺术创作与文化元素的结合是至关重要的。艺术家们需要深入挖掘文化的底蕴，理解文化的内涵，将其转化为艺术的元素和符号，再通过创新的设计手法，将这些元素和符号融入艺术品中。这样的设计不仅能够提升产品的艺术性和文化价值，还能够让人们在欣赏艺术品的同时，更深入地了解和认识文化。

以民间艺术为主题的文创艺术品为例，这类艺术品在设计时，会结合传统工艺和现代设计，创造出既有传统韵味又具现代感的艺术品。艺术家会深入研究民间艺术的特色和风格，将其中的精华提炼出来，与现代设计理念相结合，通过创新的设计手法，将这些元素融入艺术品中。这样的设计不仅保留了民间艺术的传统韵味，还赋予了艺术品新的生命力和现代感，让人们在欣赏艺术品的同时，也能够感受到传统文化的魅力和活力。

同时，文创艺术品的设计还需要注重实用性和创新性。实用性是指艺术品在设计和制作过程中，要考虑到人们的使用需求和习惯，让艺术品不仅具有艺术价值，还能够满足人们的实际需求。创新性则是指艺术家们在设计和创作过程中，要敢于突破传统束缚，勇于尝试新的艺术形式和表现手法，让艺术品更具时代感和创新性。这样的设计能够让文创艺术品更具市场竞争力，也能够满足人们对于艺术品的多样化需求。

（十）文创出版物

文创出版物有着深厚的文化底蕴和无限的创意空间。这些出版物不是文字与图片的简单堆砌，而是对特定文化、历史或艺术形式的独特诠释和展现。

在文创出版物的设计中，首先考虑的是如何满足读者的需求，并为其带来独特的阅读体验。这意味着设计师需要深入了解目标读者的文化背景、阅读习惯和审美偏好，确保出版物能够触动读者的内心，引发共鸣。

为了实现这一目标，文创出版物的设计通常采用创新的手法，将文化内涵与创意设计巧妙地结合在一起。例如，以文化遗产为主题的出版物，设计师可以通过深入挖掘该遗产的历史背景、文化内涵和艺术特色，结合现代设计理念和技术手段，创作出既具有深厚文化内涵又充满创意的设计作品。

在图文设计方面，文创出版物注重图文并茂、相得益彰。设计师会精选与主题相关的图片，通过独特的排版和布局，将图片与文字有机地结合在一起，使读者在阅读过程中既能感受到文字的魅力，又能领略到图片的视觉冲击。

此外，文创出版物还注重细节处理。无论是字体选择、颜色搭配还是装帧设计，都精益求精，力求在细节中展现出独特的文化韵味和创意特色。这些细节处理不仅提升了出版物的整体品质，也使其更具收藏价值和纪念意义。

第二节　文创产品设计的类别

一、创新型文创产品

（一）从创新的角度，挖掘并满足社会大众的潜在需求

创新型文创产品首先需要从市场需求出发，挖掘并满足社会大众的潜在需求。创新不仅仅是对已有产品的改良，更是通过全新的创意和设计，带来全新的用户体验和价值。通过对社会趋势、消费者行为和市场变化的深入研究，设计师能够发现未被满足的需求，从而设计出具有创新意义的产品。

例如，随着环保意识的提高，消费者对绿色环保产品的需求越来越大。设计师可以通过创新设计，开发出一系列符合环保理念的文创产品，如可降解材料制

作的文具、再生材料制成的家居用品等。这些产品不仅满足了消费者对环保的需求，还提升了产品的社会价值和市场竞争力。

创新型文创产品的设计需要设计师具备敏锐的市场洞察力和创造力，能够及时捕捉市场需求和消费者偏好。例如，智能家居产品的兴起正是基于消费者对便捷、高效生活的需求。设计师通过将先进的科技融入家居产品，开发出具有智能控制、自动化管理功能的家居用品，如智能音箱、智能灯泡等，不仅提升了用户的生活便利性，还创造了新的市场需求。

创新型文创产品的设计还需要注重用户体验，通过人性化设计和智能化功能，提升产品的使用便捷性和舒适性。例如，智能穿戴设备不仅具有时尚的外观设计，还通过内置的健康监测功能，满足用户对健康管理的需求。这些创新设计不仅提升了产品的市场竞争力，还为用户带来了全新的使用体验。

此外，设计师还需要具备跨学科的综合能力，能够将不同领域的知识和技术进行有机结合，进行创新设计。例如，在智能家居产品设计中，设计师只有结合电子工程、软件开发、用户界面设计等多方面的知识，才能开发出功能全面、用户体验优秀的产品。

（二）从功能的角度，赋予产品新的功能及用途

创新型文创产品不仅在设计上具有创新性，还在功能上具有多样性和独特性。通过赋予产品新的功能和用途，可以满足用户多样化的需求，提升产品的实用价值和市场吸引力。

在功能设计上，设计师需要深入研究用户的需求和使用场景，通过创新思维和技术手段，赋予产品新的功能和用途。例如，一款智能背包不仅可以存放物品，还可以通过内置的太阳能充电功能，为电子设备提供充电服务；通过内置的定位功能，在遗失后帮助用户找回。这些创新功能不仅提升了产品的实用价值，还增强了用户对产品的依赖性和满意度。

此外，创新型文创产品还可以通过模块化设计，实现功能的灵活组合和升级。例如，一款模块化智能家居系统，用户可以根据自己的需求，自由组合和升级不同的模块，实现智能照明、智能安防、智能家电控制等多种功能，提升了产

品的灵活性和用户体验。这种模块化设计不仅满足了用户的多样化需求，还提升了产品的市场竞争力和生命周期。

设计师在赋予产品新功能时，还需要考虑到产品的使用便捷性和用户体验。例如，一款多功能智能手表不仅具有时间显示功能，还具备健康监测、运动记录、智能提醒等多种功能，极大地提升了产品的实用性和用户体验。在设计过程中，设计师需要注重功能的合理布局和用户界面的设计，确保用户能够方便、快捷地使用这些新功能。

（三）从成本的角度，采用新型材料和技术并提高产品质量及价值，从而缩减成本

在创新型文创产品的设计过程中，成本控制也是一个重要的考虑因素。通过采用新型材料和先进技术，可以在保证产品质量和价值的前提下，降低生产成本，提高产品的市场竞争力。

在材料选择上，设计师需要综合考虑材料的性能、成本、环保性等因素。例如，在文创家居产品设计中，可以选择具有环保性和美观性的竹材、再生木材等，既满足了产品的环保要求，又降低了生产成本。此外，利用新型材料的独特性能，可以实现更多的创新设计，如利用柔性材料设计可折叠的家具，利用透明材料设计具有视觉冲击力的装饰品等。

在技术应用上，设计师可以通过采用先进的生产工艺和智能化技术，提升生产效率和产品质量，降低生产成本。例如，利用3D打印技术，可以实现复杂结构的快速成型，减少模具制造和加工过程中的材料浪费；利用自动化生产线，可以提高生产效率和产品一致性，降低人工成本和生产风险。这些先进技术的应用，不仅提升了产品的质量和价值，还为企业带来了可观的经济效益。

此外，设计师还需要注重产品的可持续发展，通过选择环保材料和节能工艺，减少对环境的影响，提升产品的社会价值和市场竞争力。例如，通过采用可降解材料和绿色生产工艺，设计出符合环保标准的文创产品，既满足了消费者对环保的需求，又提升了企业的社会责任形象和品牌价值。

综上所述，创新型文创产品的设计需要从创新、功能和成本等多个角度进行综合考虑，通过独特的创意和先进的技术手段，满足用户的潜在需求，提升产品

的实用价值和市场竞争力，实现经济效益和社会效益的双赢。

二、创意时尚型文创产品

创意时尚型文创产品具有短暂性、平面性和消费性三大特征。这类产品注重创意和时尚元素的结合，通过独特的设计和创意，吸引消费者的关注和购买。这些特征使创意时尚型文创产品在市场上具有独特的竞争优势和吸引力。

（一）短暂性即有限的时效，是创意时尚型文创产品最大的市场特征

创意时尚型文创产品的短暂性指的是其在市场上的流行周期较短，时效性较强。这类产品往往紧跟时尚潮流，通过迅速推出具有创意和时尚元素的产品，满足消费者对时尚和新奇的追求。例如，时尚饰品、潮流服饰、创意家居用品等，都是典型的创意时尚型文创产品。

短暂性是创意时尚型文创产品的最大市场特征，这意味着产品的设计和推广需要快速反映市场需求，及时调整产品策略和营销方案。设计师需要具备敏锐的时尚嗅觉和创新能力，能够迅速捕捉时尚潮流和消费者喜好，设计出符合市场需求的产品。例如，每年的时装周展示的最新时尚潮流，都会对时尚品牌的产品设计产生重要影响，设计师需要及时跟进这些潮流，推出符合当季流行趋势的时尚产品。

此外，短暂性也要求创意时尚型文创产品在生产和销售过程中具备高效的运作能力。例如，通过快速的生产和物流体系，确保产品能够及时上市，满足消费者的购买需求；通过灵活的营销策略和渠道，提升产品的市场曝光度和销售量。这些高效的运作能力，不仅提升了产品的市场竞争力，还增强了品牌的市场影响力和消费者的忠诚度。

创意时尚型文创产品的短暂性还体现在其生命周期的管理上。设计师和企业需要制定科学的产品生命周期管理策略，通过精准的市场定位和高效的营销推广，快速占领市场并在其生命周期内获得最大收益。例如，设计师可以通过限量版、季节限定等方式，提升产品的稀缺性和市场吸引力，增强消费者的购买欲望。

（二）平面性是创意时尚型文创产品的外在表现

创意时尚型文创产品的平面性指的是其在设计上的视觉表现形式，注重图案、色彩、纹理等平面元素的运用。这类产品通过独特的平面设计，吸引消费者的视觉注意力，提升产品的美观性和时尚感。例如，时尚手机壳、创意T恤、艺术海报等，都是典型的创意时尚型文创产品。

平面性是创意时尚型文创产品的外在表现，这意味着设计师需要具备高超的平面设计能力和艺术审美，能够通过图案、色彩、纹理等元素，创造出独特的视觉效果。例如，通过大胆的色彩搭配和几何图案设计，创造出视觉冲击力强的时尚饰品；通过细腻的线条和柔和的色调，设计出具有艺术感的家居装饰品。

平面性要求设计师在设计创意时尚型文创产品的过程中，充分运用平面设计的基本原理和技巧。例如，色彩的搭配需要考虑色彩心理学和色彩理论，通过合理的色彩组合，创造出和谐且具有吸引力的视觉效果；图案的设计需要考虑图案的构图和元素的排列，通过精细的图案设计，提升产品的艺术性和美观度。

此外，平面性还要求设计师关注平面设计在不同媒介上的应用。例如，纸质媒介和数字媒介的平面设计需要考虑不同的技术要求和呈现效果。纸质媒介的设计需要注重印刷效果、纸张质感等细节；数字媒介的设计需要注重屏幕显示效果、交互体验等。针对不同媒介的设计进行调整，确保平面设计在各类媒介上的最佳呈现效果。

（三）消费性促使创意时尚型文创产品的出现

创意时尚型文创产品的消费性指的是其主要面向大众市场，注重消费者的购买和使用体验。这类产品通过独特的创意和时尚设计，满足消费者的个性化需求和时尚追求，提升产品的消费性和市场价值。

消费性是创意时尚型文创产品的重要特征，这意味着产品的设计和推广需要注重消费者的需求和市场的变化。设计师需要通过市场调研和用户反馈，了解消费者的购买习惯和偏好，设计出符合消费者需求的产品。例如，通过对年轻消费者的喜好分析，设计出符合他们个性化需求和时尚追求的文创产品，如定制化手机壳、潮流服饰、创意家居装饰品等。

消费性促使创意时尚型文创产品的出现，这也意味着产品的营销和推广需要注重消费者的体验和互动。通过多种渠道和形式的营销活动，如社交媒体推广、线下体验活动、时尚秀场展示等，提升产品的曝光度和市场影响力，吸引更多的消费者。例如，通过社交媒体平台，发布创意时尚产品的设计过程和使用场景，增强消费者的品牌认知和购买欲望；通过线下体验活动，让消费者亲身感受产品的独特魅力和使用体验，提升消费者的购买决策和忠诚度。

创意时尚型文创产品的消费性还体现在产品的价格定位和市场策略上。设计师和企业需要根据目标消费者的购买力和市场需求，制定合理的价格策略，通过灵活的市场定位和营销推广，提升产品的市场竞争力和销售量。例如，通过限时折扣、会员优惠等促销手段，吸引消费者的购买欲；通过明星代言、KOL推广等方式，提升产品的市场知名度和影响力。

综上所述，创意时尚型文创产品通过其短暂性、平面性和消费性三大特征，在市场上具有独特的竞争优势和吸引力。设计师需要具备敏锐的时尚嗅觉和创新能力，通过独特的创意和时尚设计，满足消费者的个性化需求和时尚追求，提升产品的市场竞争力和品牌影响力。

三、传统手工艺类文创产品

传统手工艺类文创产品是指将传统手工艺与现代设计相结合，赋予传统工艺品新的生命力和市场价值。通过应用传统形体、营销模式、品牌文化传播、包装设计和系列化思想，提升传统手工艺品的市场竞争力和文化影响力。

（一）对传统形体的分析思考

传统手工艺品具有独特的形体和工艺特点，蕴含着丰富的文化内涵和历史积淀。在传统手工艺类文创产品的设计中，需要对传统形体进行深入的分析和思考，挖掘其内在的文化价值和设计潜力。例如，通过对传统陶瓷、木雕、刺绣等工艺品的形体分析，了解其设计特点和制作工艺，提取其中的精华，融入现代设计理念，创造出具有传统韵味和现代感的文创产品。

对传统形体的分析思考，不仅需要了解其外在的形态和工艺，还需要深入挖掘其文化内涵和历史背景。例如，通过对传统纹样和图案的研究，了解其象征意义和文化寓意，将其融入现代设计中，创造出具有文化传承和创新价值的文创产品。此外，通过对传统手工艺品的制作工艺和技术特点的分析，可以发掘和传承传统工艺，提升产品的制作质量和工艺水平。

在对传统形体进行分析思考时，设计师还需要考虑到现代市场的需求和消费者的审美。例如，传统的青花瓷工艺具有悠久的历史和独特的艺术价值，但其传统的造型和图案可能与现代消费者的审美需求存在一定差距。设计师可以通过对青花瓷的图案和色彩进行现代化处理，在保留其文化内涵的同时，提升其在现代市场中的吸引力。

此外，对传统形体的分析思考还需要注重跨文化的交流与融合。设计师可以通过借鉴和吸收其他文化的设计元素，丰富和创新传统手工艺品的设计。例如，结合东南亚的手工编织技艺和中国的传统刺绣工艺，创造出具有国际化视野和独特艺术价值的文创产品。这种跨文化的设计不仅丰富了传统手工艺品的表现形式，还提升了其在国际市场上的竞争力。

（二）对传统营销模式的思考

传统手工艺品的营销模式往往较为单一，主要依靠线下销售和口碑传播。在现代市场环境中，需要对传统营销模式进行创新和改进，拓宽销售渠道和提升市场影响力。例如，通过互联网平台和社交媒体，进行线上销售和品牌推广，扩大产品的市场覆盖面和消费者群体；通过线下展览和文化活动，提升产品的曝光度和文化影响力。

对传统营销模式的思考，还需要注重品牌建设和市场定位。通过品牌建设，提升产品的品牌价值和市场竞争力；通过市场定位，明确产品的目标消费者和市场需求，制定有针对性的营销策略和推广方案。例如，通过品牌故事和文化背景的挖掘和传播，增强消费者对产品的文化认同和情感共鸣；通过精准的市场定位和营销推广，吸引更多的目标消费者和市场关注。

在现代市场环境中，互联网和数字技术的发展为传统手工艺品的营销提供了新的机遇。设计师和企业可以通过建立电商平台和社交媒体账号，进行线上销售和品牌推广。例如，通过在淘宝、京东等电商平台开设旗舰店，扩大产品的销售渠道；通过在微信、微博、Instagram等社交媒体平台发布产品信息和品牌故事，提升产品的知名度和消费者的关注度。

此外，设计师和企业还可以通过与其他品牌和机构的合作，提升传统手工艺品的市场影响力和销售量。例如，通过与时尚品牌合作，将传统手工艺品融入现代时尚设计中，吸引更多的年轻消费者；通过与博物馆和文化机构合作，举办展览和文化活动，提升产品的文化价值和市场吸引力。

（三）加强传统手工艺品的品牌文化传播

品牌文化传播是提升传统手工艺品市场影响力和文化价值的重要途径。在传统手工艺类文创产品的设计和推广中，需要注重品牌文化传播，通过多种渠道和形式，传递产品的文化内涵和品牌价值。例如，通过品牌故事的讲述，展示产品的历史渊源和文化背景；通过品牌形象的塑造，提升产品的辨识度和市场影响力。

加强传统手工艺品的品牌文化传播，还需要注重与消费者的互动和沟通。通过品牌活动和文化体验，增强消费者对产品的认知和认可；通过品牌社区和社交平台，建立与消费者的互动和交流，提升品牌的忠诚度和用户黏性。例如，通过举办手工艺体验活动，让消费者亲身参与产品的制作，感受产品的独特魅力和文化内涵；通过社交平台的互动和分享，增强消费者对品牌的关注和认同，提升品牌的影响力和市场竞争力。

品牌文化传播还可以通过多种媒介和形式进行。例如，通过制作品牌宣传片和纪录片，展示产品的制作过程和文化背景，提升消费者的认知和兴趣；通过出版品牌书籍和画册，记录和展示产品的设计理念和文化内涵，增强品牌的文化底蕴和市场影响力。此外，通过品牌官方网站和社交媒体平台，定期发布品牌新闻和活动信息，与消费者保持密切互动，提升品牌的活跃度和影响力。

在品牌文化传播过程中，设计师和企业还需要注重品牌的一致性和延续性。通过统一的品牌形象和视觉识别系统，确保品牌在各个渠道和媒介上的一致呈现，提升品牌的辨识度和认同感。例如，通过统一的标志、色彩、字体等元素，构建独特的品牌视觉形象；通过一致的品牌故事和文化内涵，增强品牌的连贯性和信任度。

此外，品牌文化传播还需要注重品牌的创新和与时俱进。设计师和企业需要不断挖掘和创新品牌的文化内涵，通过新的创意和设计，保持品牌的活力和吸引力。例如，结合现代科技和设计理念，赋予传统手工艺品新的功能和用途，提升产品的实用性和市场竞争力；通过引入新的设计元素和文化符号，丰富品牌的文化内涵和艺术价值。

（四）对包装的再设计

包装设计是提升传统手工艺品市场竞争力和文化价值的重要手段。在传统手工艺类文创产品的设计中，需要对包装进行再设计，通过独特的创意和设计，提升产品的美观性和文化内涵。例如，将传统元素和现代设计相结合，创造出具有艺术感和文化价值的包装设计；通过环保材料和工艺的应用，提升包装的环保性和实用性。

对包装的再设计，需要从多个角度综合考虑。

首先是美观性，运用色彩、图案、材质等元素，提升包装的视觉吸引力和艺术价值。例如，将传统纹样和现代设计相结合，创造出具有独特文化风格和视觉冲击力的包装设计；运用高级材质和精细工艺，提升包装的品质感。

其次是功能性，通过人性化设计和功能性提升，增强产品的使用便捷性和舒适性。例如，通过合理的结构设计和易于开启的包装形式，提升用户的使用体验；通过多功能和模块化的包装设计，实现包装的多用途和再利用，增加产品的实用价值和环保性。

对包装的再设计，还需要注重品牌形象和文化内涵的传递。例如，通过包装设计，展示品牌的故事和文化背景，增强消费者对品牌的认知和认同；通过包装上的图案和文字，传递产品的文化内涵和艺术价值，提升产品的文化影响力和市场吸引力。此外，通过包装设计的一致性，确保品牌在各个产品和系列上的一致呈现，提升品牌的辨识度和认同感。

（五）系列化思想的运用

系列化思想是提升传统手工艺品市场竞争力和品牌影响力的重要策略。在传统手工艺类文创产品的设计中，需要运用系列化思想，通过产品系列的设计和推广，提升产品的市场吸引力和品牌价值。例如，通过主题系列和季节系列的设计，丰富产品的种类和风格，满足消费者的多样化需求；通过系列化的营销和推广，提升产品的市场曝光度和销售量。

系列化思想的运用，需要从设计、生产、营销等多个方面进行综合考虑。首先是设计，通过主题系列和季节系列的设计，创造出丰富多样的产品种类和风格。例如，结合不同的文化元素和设计风格，设计出具有多样化和层次感的产品系列，满足消费者的多样化需求和个性化选择；结合不同的季节和节庆主题，设计出具有季节特色和节日气氛的系列产品，提升产品的市场吸引力和销售量。

其次是生产，通过系列化生产和批量生产，提升产品的生产效率和成本效益。例如，通过标准化和模块化的生产流程，实现产品的批量生产和快速交付，降低生产成本和提高生产效率；通过系列化的生产管理和质量控制，确保产品的品质和一致性，提升品牌的市场竞争力和消费者信任度。

对系列化思想的运用，还需要注重系列化的营销和推广。通过系列化的营销策略和推广活动，提升产品的市场曝光度和销售量。例如，通过多渠道和多平台的系列化推广，提升产品的市场覆盖面和消费者关注度；通过系列化的品牌活动和文化体验，增强消费者对产品的认知和认同，提升品牌的忠诚度和用户黏性。

综上所述，传统手工艺类文创产品通过对传统形体、营销模式、品牌文化传播、包装设计和系列化思想的应用，提升了产品的市场竞争力和文化价值。设计师需要具备深厚的文化素养和创新能力，通过独特的创意和设计，赋予传统手工艺品新的生命力和市场价值，推动传统文化的传承和创新。

第三节　文创产品设计的定位

一、文创产品的设计流程

现代产品设计是有定向计划目标的创造性活动，而文创产品设计也符合此概念。每个设计过程都是解决某一具体问题的过程。

（一）设计准备：明确设计要求，制订实施计划

在文创产品设计的初始阶段，设计准备工作至关重要。这一阶段主要包括明确设计要求和制订实施计划，为整个设计过程奠定基础。

1. 明确设计要求

明确设计要求是设计准备的首要任务。设计师需要了解项目的背景、目标、限制条件和客户需求。例如，设计的是一款文化纪念品，设计师需要了解该文化的历史背景、文化符号、使用场景和用户需求。此外，还需要明确项目的时间安排、预算和质量要求等。

在明确设计要求时，设计师还需与客户进行充分沟通，确保对项目目标和要求的理解一致。通过详细的需求文档和项目规范，明确各方的责任和期望，减少后续设计过程中的沟通误差和修改成本。

2. 制订实施计划

制订实施计划是设计准备的重要环节。这不仅有助于项目按照既定的时间表和预算顺利进行，而且能在实施过程中有效地应对可能出现的各种挑战。设计师需要制订详细的项目计划，包括时间表、任务分工、资源配置和风险管理等。通过科学合理的计划安排，确保项目按时、高质量地完成。

实施计划应包含以下几个方面。

（1）时间表

一个详细的时间表应该包括项目从开始到结束的每一个关键阶段，以及每个阶段内需要完成的具体任务。例如，在市场调研阶段，需要明确何时开始收集数据，何时完成数据分析，以及何时将结果反馈给团队。在设计草图阶段，则需要明确设计草图的完成时间，以及进行内部评审和修订的时间节点。这样的时间表可以帮助团队成员清晰地了解项目的进度和自己的任务，确保项目能够按时进行。

（2）任务分工

在项目团队中，每个成员都应该清楚自己的职责和任务。通过明确的任务分工，可以避免任务重叠或遗漏，确保每个环节都有专人负责。同时，也有助于团队成员之间的协作和沟通，提高工作效率。在任务分工时，需要充分考虑每个团队成员的专业能力和特长，确保他们能够胜任自己的任务。

（3）资源配置

一个成功的项目需要足够的资源支持，包括人力、物力和财力资源。设计师需要根据项目需求，合理配置这些资源，确保项目能够顺利进行。在人力资源方面，需要明确项目团队的人员组成和数量，以及他们在项目中的职责和任务；在物力资源方面，则需要根据项目需求，准备足够的设备和材料；在财力资源方面，则需要制定详细的预算，确保项目有足够的资金支持。

（4）风险管理

在项目实施过程中，可能会出现各种不可预见的风险和挑战。为了应对这些风险，设计师需要提前识别并制定应对措施。例如，在技术难题方面，可以提前进行技术预研和测试，确保项目在技术上的可行性。在市场变化方面，则可以密切关注市场动态和竞争对手的情况，及时调整项目策略和方案。通过风险管理，可以降低项目风险对项目进度和质量的影响，确保项目能够顺利完成。

（二）市场调研：信息收集和理解

市场调研是文创产品设计的重要环节，通过信息收集和理解，为设计定位提供科学依据。

1. 用户调研

用户调研旨在了解目标用户的需求、偏好和购买行为。设计师可以通过问卷调查、深度访谈、焦点小组等方法，收集用户的第一手资料。例如，设计一款文化旅游纪念品，可以调查旅游者对纪念品的期望和偏好，了解他们的购买动机和使用习惯。

2. 市场分析

市场分析旨在分析市场的现状、趋势和竞争格局。设计师需要了解当前市场上同类产品的情况，包括产品种类、价格、销售渠道、市场份额等。例如，通过市场分析，可以了解市场上已有的文化纪念品种类、价格区间和销售情况，为设计定位提供参考。

3. 行业研究

行业研究旨在了解文创产业的发展趋势、技术创新和政策环境。设计师需要关注行业内的新技术、新材料、新工艺等发展动态，以及相关的政策法规和标准。例如，通过行业研究，可以了解当前流行的设计趋势、创新技术的应用和政府对文创产业的扶持政策。

（三）设计定位：根据调研数据创造性地提炼和总结制定策略

设计定位是文创产品设计的重要环节，基于市场调研数据，设计师需要创造性地提炼和总结，制定科学合理的设计策略。

1. 产品定位

明确产品的市场定位和目标用户群体。例如，设计一款高端文化纪念品，可以定位于高收入的文化爱好者和收藏家，突出产品的艺术价值和文化内涵。

2. 功能定位

明确产品的核心功能和使用场景。例如，设计一款智能家居产品，可以定位于提高家居生活的便捷性和舒适性，突出智能控制和人性化设计。

3. 形象定位

明确产品的品牌形象和设计风格。例如，设计一款时尚文具产品，可以定位于年轻时尚的白领用户，突出产品的时尚感和创新性。

设计定位的制定需要设计师结合市场调研的数据和自身的创意，通过科学的分析和创新的思维，提炼出产品的核心价值和市场优势。

（四）构思和设计创意草图

在设计定位明确后，设计师开始进入构思和设计创意草图阶段。这一阶段是将设计理念转化为具体形象的关键。

1. 构思

设计师需要根据设计定位，进行创意构思，形成多个设计方案。例如，通过头脑风暴、思维导图、草图绘制等方法，发掘和记录各种创意想法。

2. 草图设计

将构思的创意转化为初步的设计草图。设计师可以通过手绘草图、数字草图等形式，表达设计概念和构思。例如，设计一款文化纪念品，可以绘制出产品的外观形象、结构布局和装饰细节。

3. 方案筛选

对初步设计方案进行筛选和评估，确定最佳方案。设计师可以通过内部讨论、用户反馈、专家评审等方式，评估每个方案的可行性和创新性，选择最优方案进行深入设计。

（五）制作产品设计效果图

产品设计效果图是将创意草图具体化和精细化的重要步骤。效果图不仅展示了产品的外观和细节，还为后续的结构设计和生产提供了参考依据。

1. 效果图绘制

通过专业设计软件（如Photoshop、Illustrator、3D建模软件等），将草图转化为精细的效果图。效果图需要展示产品的外观、色彩、材质、光影等细节。例如，设计一款文化纪念品，可以绘制出产品的全景图、局部细节图和使用场景图。

2. 材质选择

在效果图中，设计师需要选择和展示合适的材质。通过材质的表现，提升产品的质感和美观度。例如，通过金属、木材、陶瓷等材质，展示产品的高端感和文化内涵。

3. 色彩搭配

在效果图中，设计师需要合理搭配色彩。通过色彩的运用，提升产品的视觉效果和市场吸引力。例如，通过鲜艳的色彩与和谐的搭配，吸引年轻消费者的注意力。

（六）结构设计：探究造型合理性

结构设计是文创产品设计的重要环节，确保产品的造型合理、功能完善、生产可行。

1. 结构分析

根据效果图，进行产品的结构分析和设计。设计师需要考虑产品的功能需求、使用场景和生产工艺，设计出合理的结构方案。例如，设计一款智能家居产品，需要考虑产品的内部电路布局、控制系统和外壳结构。

2. 技术参数

确定产品的技术参数和规格。设计师需要根据产品的功能需求和使用环境，确定产品的尺寸、重量、材料、耐用性等参数。例如，设计一款文化纪念品，需要确定产品的尺寸、材质、工艺等参数，确保产品的质量和使用体验。

3. 结构优化

对初步的结构设计进行优化和改进。设计师需要考虑产品的生产可行性、使用便捷性和维护成本，通过优化设计，提升产品的质量和市场竞争力。例如，通过简化结构、减少零件数量，降低生产成本和维护难度。

（七）样品模型制作

样品模型制作是文创产品设计的最后一步，通过样品模型的制作和测试，验证设计方案的可行性和优化空间。

1. 模型制作

根据结构设计图纸，制作产品的样品模型。设计师可以通过手工制作、3D打印、CNC加工等方式，制作出真实的产品样品。例如，设计一款文化纪念品，可以通过3D打印技术，制作出产品的原型模型，进行实际测试和验证。

2. 测试评估

对样品模型进行功能测试和评估。设计师需要测试产品的各项功能和性能，评估产品的使用体验和市场反馈。例如，通过模拟使用场景，测试产品的稳定性、耐用性、操作便捷性等。

3. 优化改进

根据测试结果，对样品模型进行优化和改进。设计师需要根据测试反馈，调整和优化设计方案，确保产品的最终质量和市场竞争力。例如，通过调整结构设计、优化材质选择，提升产品的质量和用户体验。

二、设计定位分析

设计定位分析是文创产品设计的重要环节，通过分析产品的差异、目标人群、使用方式、产品分类和消费心理，明确产品的市场定位和设计方向。

（一）产品差异定位

产品差异定位是通过突出产品的独特卖点和竞争优势，提升产品的市场吸引力和竞争力。设计师需要分析市场上的同类产品，找出自身产品的差异点，并加以强调和推广。例如，设计一款智能家居产品，可以突出其独特的智能控制功能和人性化设计，提升产品的市场竞争力。

1. 分析市场同类产品

在进行产品差异定位时，设计师需要对市场上现有的同类产品进行全面分析。通过市场调研，了解这些产品的特点、优势和不足，找出自己产品的独特之处。例如，一款新的智能音箱在设计时，可以分析市场上已有的智能音箱，找出其功能、设计风格、用户体验等方面的差异点。

2. 找出产品的独特卖点

根据市场分析，设计师需要确定自己产品的独特卖点。独特卖点可以是功能上的创新、设计上的独特性、材质上的特别选择等。例如，一款智能音箱可以通过增强音质、增加语音控制功能、采用环保材料等方式，突出产品的独特性。

3. 强调和推广独特卖点

一旦确定了产品的独特卖点，设计师需要在设计和营销过程中加以强调和推广。通过视觉设计、包装设计、广告宣传等方式，突出产品的独特优势，吸引消费者的注意力。例如，通过精美的包装设计和详细的产品说明书，展示智能音箱的高音质和智能控制功能，吸引消费者购买。

（二）目标人群定位

目标人群定位是通过明确产品的目标用户群体，制定有针对性的设计和营销策略。设计师需要通过市场调研和用户分析，了解目标用户的需求、偏好和购买行为，并据此进行产品设计和推广。

1. 了解目标用户需求

设计师需要通过市场调研和用户分析，了解目标用户的需求、偏好和购买行为。通过问卷调查、用户访谈、焦点小组等方法，收集用户的第一手资料，分析他们的需求和期望。例如，设计一款高端文化纪念品，需要了解高收入文化爱好者和收藏家的审美偏好和购买动机。

2. 制定针对性的设计策略

根据目标用户的需求，设计师需要制定有针对性的设计策略。设计策略包括产品的功能、外观、材质、使用方式等方面。例如，设计一款面向年轻白领的时尚文具产品，可以在设计中突出产品的时尚感和实用性，满足年轻白领对工作效率和时尚品位的追求。

3. 制定针对性的营销策略

目标人群定位还包括制定有针对性的营销策略。通过精准的市场定位和营销推广，吸引目标用户的关注和购买。例如，设计一款面向儿童的教育玩具，可以通过社交媒体、线上商城、亲子活动等多种渠道进行推广，吸引家长和儿童的关注和购买。

（三）使用方式定位

使用方式定位是通过明确产品的使用场景和方式，设计出符合用户需求和使用习惯的产品。设计师需要了解用户在不同使用场景下的需求和行为，并据此进行产品设计和功能优化。

1. 了解用户使用场景

设计师需要通过市场调研和用户分析，了解用户在不同使用场景下的需求和行为。例如，设计一款便携式智能音箱，设计师需要了解用户在户外、旅行、居家等不同场景下的使用需求，设计出便携、耐用、音质优良的产品，提升用户的使用体验。

2. 设计符合使用场景的产品

根据使用场景的分析，设计师需要设计出符合用户需求的产品。例如，设计一款面向老年人的智能家居产品，可以针对老年人的生活习惯和使用需求，设计出易于操作、功能简洁的产品，提升老年人的使用体验和生活质量。

3. 功能优化

使用方式定位还需要对产品的功能进行优化。通过合理的功能布局和用户界面的设计，确保用户能够方便、快捷地使用产品。例如，设计一款智能手表，不仅要考虑时间显示功能，还要考虑健康监测、运动记录、智能提醒等多种功能，以提升产品的实用性和用户体验。

（四）产品分类定位

产品分类定位是通过明确产品的类别和市场定位，制定有针对性的设计和营销策略。设计师需要根据市场需求和用户需求，确定产品的分类和定位，并据此进行设计和推广。

1. 确定产品分类

设计师需要根据市场需求和用户需求，确定产品的分类。例如，设计一款面向商务人士的高端文具产品，可以定位于高品质、功能多样，满足商务人士对效率和品位的追求。

2. 制定针对性的设计策略

根据产品分类，设计师需要制定有针对性的设计策略。例如，设计一款面向儿童的教育玩具，可以在设计中突出产品的教育功能和趣味性，满足家长和儿童对教育和娱乐的双重需求。

3. 制定针对性的营销策略

产品分类定位还包括制定有针对性的营销策略。通过精准的市场定位和营销推广，吸引目标用户的关注和购买。例如，设计一款面向文化爱好者的高端文化纪念品，可以通过高端商场、文化展览、艺术沙龙等渠道进行推广，吸引文化爱好者和收藏家关注和购买。

（五）消费心理定位

消费心理定位是通过了解用户的心理需求和购买动机，设计出符合用户心理预期和购买习惯的产品。设计师需要通过市场调研和用户分析，了解用户的心理需求和购买动机，并据此进行产品设计和营销策略的制定。

1. 了解用户心理需求

设计师需要通过市场调研和用户分析，了解用户的心理需求和购买动机。例如，设计一款面向年轻女性的时尚饰品，设计师需要了解年轻女性的心理需求和购买动机，设计出符合她们审美和心理预期的产品，提升产品的市场竞争力和销售量。

2. 制定符合心理需求的设计策略

设计师需要制定符合用户心理需求的设计策略。例如，设计一款面向文化爱好者的高端文化纪念品，可以通过精美的设计和独特的文化内涵，满足文化爱好者对艺术和文化的追求，提升产品的市场竞争力和用户忠诚度。

3. 制定符合心理需求的营销策略

消费心理定位还包括制定符合心理需求的营销策略。通过精准的市场定位和营销推广，吸引目标用户关注和购买。例如，通过限时折扣、会员优惠等促销手段，吸引消费者购买；通过明星代言、KOL推广等方式，提升产品的市场知名度和影响力。

三、构建叙事性情境

构建叙事性情境是文创产品设计的重要策略，通过构建情境和叙事，增强产品的文化内涵和用户体验，实现与消费者的情感共鸣。

（一）情境

情境是指消费者使用产品的背景环境，包含了丰富的元素，如时间、地点、空间形态、使用方式等。设计师需要通过构建情境，展示产品的使用场景和文化内涵，增强用户的体验和认同感。

1. 时间和地点

设计师需要考虑产品在不同时间和地点的使用情境。例如，设计一款文化纪念品，可以展示其在博物馆、历史遗址等情境下的使用场景，增强产品的文化氛围和历史感。

2. 空间形态

设计师需要考虑产品在不同空间形态下的使用情境。例如，设计一款智能家居产品，可以展示其在客厅、卧室、厨房等不同空间的使用场景，提升产品的实用性和用户体验。

3. 使用方式

设计师需要考虑产品在不同使用方式下的情境。例如，设计一款便携式音箱，可以展示其在户外、旅行等情境下的不同使用方式，提升产品的便携性和用户体验。

（二）叙事

叙事是通过讲故事，传递产品的文化内涵和情感价值。叙事必须有地点、人物、事情经过，是人类本能的表达方式。在文创产品设计中，叙事者、媒介、接受者是叙事的三要素，文创产品是叙事者，设计是媒介，消费者则是接受者。优秀的设计能够缩短叙事者与接受者之间的距离，使消费者在使用过程中充分解读产品的文化内涵。

1. 地点、人物、事情经过

设计师需要通过设计展示产品的故事和文化背景。例如，设计一款以历史人物为主题的文创产品，可以通过产品的设计和包装，展示该历史人物的生平故事和文化贡献，增强产品的文化内涵和用户的情感共鸣。

2. 叙事者、媒介、接受者

在叙事性情境中，文创产品是叙事者，设计是媒介，消费者则是接受者。优秀的设计能够缩短叙事者与接受者之间的距离，使消费者在使用过程中能够充分解读产品的文化内涵和情感价值。

3. 构建叙事

构建叙事需要设计师具备讲故事的能力，通过设计展示产品的故事和情感。

例如，设计一款以传统节日为主题的文创产品，可以通过产品的设计和包装，讲述节日的由来、习俗和文化背景，让消费者在使用产品时感受到浓厚的节日氛围和文化内涵。

（三）叙事性情境的要素

叙事性情境应该有明确的主题、场景和环境界面，表达形式丰富多样，但应尽可能简单明了，突出主题，让人理解设计者想要表达的感情和故事梗概。

1. 明确的主题

叙事性情境需要一个明确的主题，贯穿整个设计过程。例如，设计一款以童话故事为主题的文创产品，可以围绕童话故事中的人物、场景和情节展开设计，让产品充满童话色彩和梦幻感。

2. 具体的场景

叙事性情境要有具体的场景，展示产品的使用环境和情境。例如，设计一款以古代茶文化为主题的茶具，可以展示其在古代茶室、庭院等情境下的使用场景，让消费者感受到古代茶文化的悠久历史和文化魅力。

3. 丰富的环境界面

叙事性情境需要有丰富的环境界面，包含时间、地点、空间形态、使用方式等元素。例如，设计一款以旅行为主题的文创产品，可以展示其在不同旅行地点、不同时间段和不同使用场景下的使用情况，让消费者感受到旅行的乐趣和美好。

4. 简单明了的表达

尽管叙事性情境的表达形式丰富多样，但设计师应尽可能简明扼要地传递信息，突出主题，使消费者能够快速理解设计者想要表达的情感和故事梗概。例如，通过简洁的图案、色彩和文字，展示产品的文化背景和故事情节，避免复杂冗长的信息干扰消费者的理解。

（四）叙事性情境的优势

1. 增强文化内涵

通过叙事性情境，设计师能够更好地展示产品的文化内涵和历史背景。例如，设计一款以民族文化为主题的文创产品，可以通过叙事性情境展示民族的传统习俗、历史故事和文化象征，增强产品的文化价值和市场吸引力。

2. 提升用户体验

通过叙事性情境，设计师能够提升用户的使用体验和情感共鸣。例如，设计一款以爱情故事为主题的文创产品，可以通过叙事性情境展示爱情故事的浪漫情节和情感波折，让消费者在使用产品时感受到浓厚的情感氛围并产生情感共鸣。

3. 实现情感连接

通过叙事性情境，设计师能够实现与消费者的情感连接，增强品牌忠诚度和用户黏性。例如，设计一款以家庭温情为主题的文创产品，可以通过叙事性情境展示家庭的温馨场景和亲情故事，让消费者在使用产品时感受到家的温暖和亲情的力量。

4. 促进产品传播

通过叙事性情境，设计师能够增强产品的传播效果和市场影响力。例如，设计一款以英雄故事为主题的文创产品，可以通过叙事性情境展示英雄的事迹和精神品质，激发消费者的崇敬和向往，让产品在市场上更具吸引力和传播力。

（五）叙事性情境的构建步骤

1. 确定主题

设计师需要根据产品定位和目标用户，确定叙事性情境的主题。主题可以是一个故事、一段历史、一种文化或一种情感。例如，设计一款以古代战争为主题的文创产品，可以将某一场著名战役作为主题，展示战役的背景、过程和影响。

2. 设计场景

设计师需要根据主题设计具体的场景，展示产品的使用情境。场景设计需要结合时间、地点、空间形态和使用方式等元素，使叙事性情境更加真实和生动。例如，设计一款以古代战争为主题的文创产品，可以展示其在古代战场、军营等情境下的使用场景，让消费者感受到战争的紧张和壮烈。

3. 制作叙事介质

设计师需要制作叙事介质，通过视觉、听觉、触觉等多种感官方式展示叙事性情境。例如，设计一款以古代战争为主题的文创产品，可以通过绘画、雕塑、音效等方式，展示战役的场景和氛围，增强叙事的感染力和冲击力。

4. 与消费者互动

设计师需要通过多种方式与消费者互动，增强叙事性情境的参与感和体验感。例如，设计一款以古代战争为主题的文创产品，可以通过虚拟现实技术，让消费者身临其境地体验战役的过程和情境，提升用户的参与感和沉浸感。

5. 收集反馈并优化

设计师需要收集消费者对叙事性情境的反馈，了解他们的体验和感受，并据此优化设计。例如，通过用户调研和数据分析，了解消费者对叙事性情境的喜好和建议，优化叙事的表达方式和内容，提升用户体验和情感共鸣。

通过以上步骤，设计师可以构建出丰富、生动、有感染力的叙事性情境，增强文创产品的文化内涵和市场吸引力，实现与消费者的情感连接和互动，提升产品的市场竞争力和品牌价值。

第四节　文创产品设计的原则

一、文化主体性原则

文化主体性原则强调文创产品设计必须突出文化元素，体现文化特色和内涵。文创产品作为文化传播的重要载体，通过设计传递文化内涵是文创产品的核心任务。

（一）文化内涵的分析与运用

文化主体性原则要求设计者在设计过程中深入挖掘和分析文化内涵，将文化元素巧妙融入产品设计中。例如，设计一款以中国传统节日春节为主题的文创产品，可以通过红色、灯笼、福字等元素表现春节的喜庆氛围。这不仅使产品具有文化辨识度，还能增强消费者的文化认同感。

文化内涵的运用不仅包括视觉元素，还包括文化故事、象征意义等。例如，设计一款以《红楼梦》为主题的文创产品，可以通过产品包装和说明书讲述《红楼梦》的经典情节和人物，增强产品的文化厚度和吸引力。

（二）文化创新

文化创新是在传承传统文化的基础上，通过现代设计手法和技术手段进行创新，使文创产品既有传统文化韵味，又符合现代审美。例如，设计一款现代家具，可以在设计中融入传统的雕刻技艺和图案，创造出既有传统文化韵味，又符合现代审美的产品。

文化创新还可以通过跨文化的融合和借鉴实现。例如，设计师可以将中国传统的青花瓷元素与西方的现代艺术风格相结合，创造出具有东西方文化交融特点的文创产品，提升产品的独特性和市场竞争力。

（三）文化传播的使命

文创产品不仅是文化消费品，更是文化传播的载体。设计师在设计过程中需要考虑如何通过产品传递文化信息，增强文化影响力。例如，可以设计一款具有浓厚地域特色的旅游纪念品，向游客传播当地的历史文化和风土人情，提升文化的传播效果。

文化传播还需要借助现代媒体和技术手段。例如，通过数字化展示和虚拟现实技术，展示文创产品背后的文化故事和历史背景，使消费者在使用产品时能够深入了解和体验文化内涵。

二、功能性原则

功能性原则是指文创产品设计必须具备明确的功能和用途，同时将文化元素与功能有机结合，提升产品的实用性和文化价值。

（一）功能的明确与多样性

文创产品的设计应首先明确其基本功能，确保产品在使用过程中能够实现预期的目的。例如，设计一款智能手环，其基本功能包括健康监测、运动记录、时间显示等。在此基础上，设计师可以通过增加其他功能，如音乐控制、手机通知等，提升产品的多样性和实用性。

多功能设计可以提升产品的附加值和市场竞争力。例如，设计一款智能台灯，不仅具有照明功能，还有无线充电、蓝牙音箱等功能，使产品更加实用和吸引人。

（二）功能与文化的结合

功能性原则还要求设计师在设计过程中将文化元素与功能有机结合，使产品在实现基本功能的同时具有文化内涵。例如，设计一款茶具，可以通过在茶壶和茶杯上加入传统的青花瓷图案，使产品既具有实用功能，又能传递中国传统茶文化。

功能与文化的结合不仅提升了产品的文化价值，还增强了用户的使用体验。例如，设计一款智能手表，可以在表盘设计中融入传统的中国结元素，使产品在显示时间的同时具有浓厚的文化氛围。

（三）功能设计的创新

功能设计的创新是提升产品竞争力的重要手段。设计师可以通过技术创新和创意设计，赋予产品独特的功能和使用体验。例如，设计一款智能家居产品，可以通过人工智能技术实现语音控制和自动调节，提升用户的生活便利性。

功能设计的创新还可以通过跨学科的知识和技术实现。例如，设计一款智能穿戴设备，可以结合生物医学工程和电子技术，实现健康监测、运动分析等多种功能，提升产品的实用性和市场竞争力。

三、用户性原则

用户性原则是指文创产品设计必须以用户为中心，注重用户体验和需求，提升产品的用户满意度和市场竞争力。

（一）用户需求的调研与分析

用户需求的调研与分析是确保产品设计符合用户需求的重要环节。设计师可以通过市场调研、用户访谈、问卷调查等方式，了解目标用户的需求、偏好和购买行为。例如，设计一款面向年轻女性的时尚文具产品，可以通过调研了解她们的审美偏好和功能需求，设计出符合她们喜好的产品。

用户需求的调研与分析还需要结合数据分析和用户画像技术。例如，通过大数据分析，了解不同用户群体的购买行为和偏好，为设计提供科学依据。通过用户画像分析，细分市场，设计出更加精准和个性化的产品。

（二）人机工程与用户体验

人机工程是确保产品使用便捷和舒适的重要原则。设计师需要根据人机工程学原理，设计出符合人体结构和操作习惯的产品。例如，设计一款键盘，需要考虑到键位的布局、按键的高度和手感等因素，确保用户在长时间使用过程中不易产生疲劳。

用户体验是提升产品竞争力的重要因素。设计师需要通过用户体验测试，了解用户在使用过程中的痛点和需求，优化产品设计。例如，设计一款智能手环，需要考虑用户的佩戴舒适性和操作便捷性，通过人体工程学设计和简化操作界面，提升用户的使用体验。

（三）用户参与与情感设计

用户参与是提升产品用户满意度的重要手段。设计师可以通过原型测试、用户反馈等方式，让用户参与到产品设计中，了解他们的使用体验和改进建议，优化产品设计。例如，通过众筹平台，让用户参与到产品的设计和开发过程中，收集用户的意见和建议，不断优化产品设计，提升用户的参与感和满意度。

情感设计是通过设计满足用户的情感需求，增强产品的情感价值和用户黏性。例如，设计一款以家庭为主题的文创产品，可以通过温馨的设计和细节，传递家庭的温暖和亲情，增强用户的情感共鸣。

四、经济性原则

经济性原则是指文创产品设计必须考虑成本效益，确保产品具有良好的经济效益和市场竞争力。

（一）成本控制

成本控制是提升产品经济效益的重要手段。设计师需要在设计过程中选择合适的材料和工艺，降低生产成本。例如，设计一款文化纪念品，可以选择价格适中的材料和简化的生产工艺，降低生产成本，提高产品的市场竞争力。

成本控制还可以通过优化设计、减少不必要的材料浪费和生产工序。例如，通过模块化设计和标准化生产，降低生产成本和时间，提高产品的生产效率和经济效益。

（二）经济效益的提升

设计师需要通过提高产品的附加值和市场竞争力，提升产品的经济效益。例如，通过独特的设计和文化内涵，提升产品的附加值，使其在市场上具有更高的溢价能力。例如，一款具有独特文化元素的高端文具，通过精美的设计和高品质的材料，能够在市场上获得更高的售价和利润。

提高经济效益还可以通过市场细分和精准营销实现。设计师可以根据不同市场需求和用户偏好，开发不同价位和功能的产品，满足多样化的市场需求。例如，设计一款面向不同收入水平用户的文创产品系列，通过多层次的市场定位和差异化定价策略，提升产品的市场覆盖面和经济效益。

（三）可持续发展

经济性原则还需要考虑可持续发展，通过环保设计和可持续材料的运用，提升产品的环境效益和社会效益。例如，设计一款环保文具，可以选择可再生材料和环保工艺，降低对环境的影响，提升产品的社会责任形象和市场认可度。

可持续发展不仅涉及材料选择，还包括产品生命周期管理和可回收设计。例如，设计一款可拆卸和易于回收的产品，使用户在使用产品后能够方便地进行回收和再利用，减少环境污染和资源浪费。通过可持续设计，设计师可以提升产品的环境价值和市场竞争力，满足现代消费者对环保和可持续发展的需求。

（四）市场定位

设计师需要根据市场需求和用户需求，进行精准的市场定位，确保产品具有明确的市场竞争力和经济效益。例如，设计一款面向高端市场的文化纪念品，可以通过高品质的材料和精细的工艺，满足高端消费者的需求，提升产品的市场竞争力和经济效益。

精准的市场定位需要设计师具备对市场和消费者的深刻理解。例如，通过市场调研和用户分析，了解不同市场和用户群体的需求和偏好，制定有针对性的产品设计和营销策略。再如，设计一款面向年轻消费者的时尚文具，通过新颖的设计和时尚的包装，吸引年轻消费者关注和购买，提升产品的市场竞争力和经济效益。

五、审美性原则

审美性原则是指文创产品设计必须注重美感，既要满足实用功能，又要在视觉上具有吸引力，体现文化内涵与美学价值的统一。

（一）整体美感

文创产品的设计应从整体上考虑美感，确保产品的形态、色彩、材质和装饰元素之间的和谐统一。例如，设计一款高端笔记本，设计师需要在封面设计、内页布局、材质选择等方面进行整体考虑，确保产品具有统一的美学风格。

整体美感的实现需要设计师具备系统的设计思维和审美能力。例如，通过对色彩心理学的研究，选择符合产品主题和用户心理预期的色彩搭配；通过对材料质感的分析，选择既美观又实用的材料。

（二）细节设计

细节设计是提升产品审美价值的重要手段。设计师需要关注产品的每一个细节，确保细节设计与整体风格相一致。例如，设计一款珠宝首饰，不仅要注重整体造型的美感，还要关注每一颗宝石的切割、每一条线条的流畅度，以及每一个细节的工艺处理。

细节设计还需要考虑用户的使用体验和情感需求。例如，通过精细的工艺和优雅的设计，提升用户在使用过程中的愉悦感和满足感。再如，设计一款高端钢笔，可以通过细致的雕刻和精美的装饰，提升产品的艺术价值和用户的使用体验。

（三）文化美学

文创产品的审美性原则还包括对文化美学的体现。设计师需要通过对文化元素的运用和创新，提升产品的文化内涵和美学价值。例如，设计一款以古代书法为主题的文创产品，可以通过书法的线条美和节奏感，提升产品的文化品位和艺术魅力。

文化美学的体现需要设计师具备深厚的文化素养和艺术修养。例如，结合传统艺术和现代设计，创造出具有独特文化韵味和现代审美的文创产品。通过对文化符号和艺术形式的创新运用，提升产品的独特性和市场竞争力。

（四）可持续审美

可持续审美是指在设计过程中考虑产品的长期美学价值和环境影响。设计师需要通过环保设计和可持续材料的运用，提升产品的环境价值和社会责任形象。例如，设计一款环保家具，可以通过选择可再生材料和环保工艺，确保产品不仅美观，而且对环境友好。

可持续审美还包括对产品生命周期的考虑。设计师要确保产品在使用过程中和使用结束后仍具有美学价值。例如，通过模块化设计和可回收设计，使产品在使用过程中可以灵活调整和升级，延长产品的使用寿命和美学价值。

六、创新性原则

创新性原则是指文创产品设计必须具有创新性，通过独特的创意和设计，提升产品的市场吸引力和竞争力。

（一）创意设计

创意设计是提升产品创新性的重要手段。设计师需要通过独特的创意和设计，赋予产品独特的价值和吸引力。例如，设计一款以科技为主题的文创产品，可以通过创新的设计和科技元素的运用，提升产品的创新性和市场吸引力。

创意设计需要设计师具备丰富的想象力和创造力。例如，结合跨学科的知识和技术，创造出具有独特创意和功能的产品。设计师还可以通过设计竞赛和创意活动，激发灵感和创意，提升产品的创新性和市场竞争力。

（二）技术创新

技术创新是提升产品竞争力的重要手段。设计师需要通过技术创新，提升产品的功能和性能。例如，设计一款智能家居产品，可以通过人工智能、物联网等技术的应用，提升产品的智能化和自动化水平，增强产品的市场竞争力。

技术创新需要设计师深入了解新技术和新工艺。例如，通过对人工智能、大数据和物联网等前沿技术的研究，设计出具有智能控制和数据分析功能的产品，提升用户的使用体验和产品的市场竞争力。

（三）材料创新

材料创新是提升产品质量和市场竞争力的重要手段。设计师可以通过新材料的运用，提升产品的性能和质量。例如，设计一款文化纪念品，可以通过新型材料的运用，提升产品的质感和耐用性，增强产品的市场吸引力。

材料创新需要设计师对材料科学和工艺技术有深入的理解。例如，通过对纳米材料、智能材料和环保材料的研究，设计出具有高性能和环保特性的产品，提升产品的市场竞争力和社会价值。

（四）市场创新

市场创新是提升产品市场竞争力的重要手段。设计师需要通过市场创新，提升产品的市场定位和营销策略。例如，设计一款面向年轻消费者的文创产品，可以通过新颖的营销方式和渠道，吸引年轻消费者关注和购买，提升产品的市场竞争力。

市场创新需要设计师具备对市场趋势和消费者行为的敏锐洞察力。例如，通过对市场数据和消费者行为的分析，进行精准的市场定位和制定营销策略，通过社交媒体、线上平台和线下活动等多渠道推广，加大产品的市场覆盖面和销售量。

第二章

文创产品设计的现状及发展趋势

第一节　文创产品设计的现状和主要问题

一、目前我国文化产业发展的优势

（一）资源消耗率低，是新型环保的产业

文化产业是以文化创意和知识产权为核心的产业，相较传统的制造业和重工业，文化产业的资源消耗率低，环保特性显著。文化产业主要消耗的是人力资源和创意资源，而非自然资源。因此，文化产业对环境的影响较小，是符合可持续发展理念的新型环保产业。

文化产业的发展不依赖于大量的原材料开采和能源消耗，而是通过创意和设计等知识密集型活动创造价值。这种低资源消耗、高附加值的特点使文化产业成为环保产业的典型代表。例如，电影、音乐、出版等文化产业主要依靠创意和技术手段进行生产，对自然资源的依赖程度较低。同时，随着数字化技术的发展，文化产品的生产和传播方式也更加环保，如电子书、数字音乐等的兴起大大减少

了纸张和其他物质资源的消耗。

文化产业的低资源消耗率还表现在其生产过程中的能源使用较少。与传统制造业相比，文化产业的生产活动依赖于计算机、网络等现代信息技术设备，而非高能耗的机械设备和重工业设备。这种生产方式不仅降低了能源消耗，还减少了废气、废水和废渣等污染物的排放，对环境保护具有积极意义。

此外，文化产业的发展还推动了绿色经济的发展。通过创新和创意，文化产业可以促进资源的再利用和循环利用。例如，利用废旧材料制作艺术品，或者通过再生设计理念，赋予废弃物新的使用价值。这种绿色设计和再生利用的理念，不仅提升了文化产品的环保价值，还推动了绿色经济的发展。

（二）经济回报价值高，可维持较长的收益时间

文化产业具有较高的经济回报价值，且其产品的生命周期较长，能够维持较长时间的收益。文化产品如电影、电视剧、音乐、图书等，往往在初次发布后便能带来可观的收入，而其衍生品和版权收入则可以持续多年。

文化产业的经济回报价值体现在多个方面。首先，文化产品的初次发布可以带来直接的经济收益。例如，电影在电影院上映期间的票房收入，音乐专辑的销售收入，图书的出版发行收入等，都是文化产业的重要收入来源。其次，文化产品的版权和衍生品市场具有巨大的经济潜力。例如，电影和电视剧的版权可以通过电视台、网络平台等多次售卖，带来持续的版权收入；图书的版权可以通过多次印刷和翻译出版，带来长期的出版收入。

此外，文化产业的经济回报价值还体现在其品牌效应和市场影响力上。成功的文化产品可以树立品牌形象，提升企业的市场竞争力和知名度。例如，迪士尼的电影和主题公园，不仅带来了巨大的经济收益，还树立了强大的品牌形象，成为全球文化产业的标杆。

文化产业的经济回报价值还体现在其对其他产业的带动作用上。文化产业的发展可以带动旅游、餐饮、零售等相关产业的发展，形成产业链的联动效应。例如，电影产业的发展可以带动电影院、影城周边的餐饮和零售业的发展；文化旅游的兴起可以带动旅游景点、酒店、餐饮等相关产业的发展。

（三）入门门槛不高，方便就业

文化产业的门槛相对较低，且就业机会广泛。文化产业涵盖了众多子领域，如影视、音乐、出版、艺术设计、广告、演艺等，每个领域都需要大量的人才。从创意、设计到制作、传播，各个环节都需要不同专业背景和技能的人才。

相比高技术门槛的行业，文化产业对从业者的学历和专业背景要求较为宽松，只要具备创意和相关技能，就有机会进入。例如，许多文化创意企业鼓励年轻人创新创业，为他们提供展示才华的平台和机会。此外，文化产业的灵活就业形式也较多，如自由职业者、兼职工作等，这为广大就业者提供了更多选择。

文化产业的就业机会还体现在其多样性和广泛性上。文化产业涉及的领域广泛，包括影视制作、音乐创作、出版编辑、广告设计、演艺表演等，每个领域都需要不同类型的人才。例如，影视制作需要导演、编剧、摄影师、演员等多种专业人才；音乐创作需要作曲家、编曲家、歌手等多种音乐人才；出版编辑需要作家、编辑、排版设计等多种出版人才。这种多样性的就业机会，为不同专业背景和兴趣的人才提供了广阔的发展空间。

此外，文化产业的灵活就业形式也为从业者提供了更多的选择和机会。文化产业的从业者可以选择自由职业、兼职工作、项目合作等多种形式，灵活安排工作时间和工作内容。例如，许多自由职业者可以通过互联网平台发布和推广自己的作品，获得市场认可和经济收益；许多兼职从业者可以在主业之外，利用业余时间从事文化创意工作，增加收入和职业经验。

（四）文化产业与其他产业可相互作用融合

文化产业具有较强的跨界融合能力，可以与其他产业相互作用、融合发展，形成新的经济增长点。例如，文化与旅游的结合，可以形成文化旅游产业；文化与科技的结合，可以推动数字文化产业的发展；文化与制造业的结合，可以促进文化创意产品的生产和销售。

文化产业的跨界融合能力使其在经济发展中具有独特的优势和潜力。例如，文化与旅游的结合不仅提升了旅游产品的文化内涵和吸引力，还推动了文化遗产的保护和传承。文化与科技的结合，不仅催生了新的文化产品形态，如虚拟现实、增强现实等，还提升了文化产业的生产效率和市场竞争力。文化与制造业的结合，通过文化创意，提升了产品的附加值和市场吸引力。

文化产业与其他产业的融合发展，不仅丰富了文化产业的内容和形式，还拓宽了文化产品的市场和受众。例如，文化与旅游的结合，可以通过文化演艺、文化展览、文化节庆等形式，吸引更多的游客，提升旅游景点的知名度和吸引力；文化与科技的结合，可以通过数字化和智能化的手段，提升文化产品的互动性和体验性，吸引更多的年轻消费者；文化与制造业的结合，可以通过文化创意和设计，提升产品的品牌价值和市场竞争力，吸引更多的消费者。

此外，文化产业与其他产业的融合发展，还推动了文化创新和产业升级。例如，文化与科技的融合，可以推动数字文化产业的发展，提升文化产品的科技含量和市场竞争力；文化与制造业的融合，可以推动文化创意产品的生产和销售，提升产品的附加值和市场吸引力；文化与旅游的融合，可以推动文化旅游产业的发展，提升旅游产品的文化内涵和吸引力。

（五）文化产业具有巨大的发展潜力

文化产业作为知识密集型和创意驱动型产业，具有巨大的发展潜力。随着全球经济的不断发展和人们生活水平的提高，文化消费需求日益增长，文化产业的发展空间和市场潜力不断扩大。

一方面，国家政策的大力支持为文化产业的发展提供了有力保障。近年来，我国政府出台了一系列促进文化产业发展的政策和措施，如《文化产业促进法》《"十四五"文化发展规划》等，推动文化产业的快速发展。另一方面，科技进步为文化产业的发展注入了新的活力。互联网、人工智能、大数据等新技术的应用，为文化产品的生产、传播和消费带来了革命性变化，拓宽了文化产业的发展空间。

文化产业的发展潜力还体现在其对国民经济的贡献上。文化产业不仅可以带动相关产业的发展，还可以创造大量的就业机会，提升国民收入水平和生活质量。例如，影视、音乐、出版等文化产业的发展，不仅可以带动电影院、音像店、书店等相关产业的发展，还可以创造大量的就业机会，提升国民收入水平和生活质量。

此外，文化产业的发展潜力还体现在其对社会发展的贡献上。文化产业的发展可以推动文化传承和创新，提升社会的文化素养和文化自信。例如，通过电影、音乐、图书等文化产品，可以传播和弘扬优秀的传统文化，提升社会的文化素养和文化自信；通过文化创意和设计，可以推动文化的创新和发展，提升社会的文化创新能力和文化竞争力。

二、目前我国文化产业发展过程中存在的问题

文化创意产品在市场中具有重要地位，但随着市场的不断扩大和竞争的加剧，文化创意产品设计中也暴露出一些问题。这些问题不仅影响了文化创意产品的市场竞争力，也制约了文化创意产业的进一步发展。以下是文化创意产品设计中存在的四大主要问题。

（一）产品同质化，没有创新

1. 现象描述

产品同质化是文化创意产品设计中最常见的问题之一。同质化现象主要表现为市场上大量的文创产品在设计、功能和形式上缺乏差异，难以吸引消费者的注意和购买欲望。例如，许多文化旅游纪念品在设计上大同小异，缺乏独特性和新意，导致消费者对产品产生审美疲劳。尽管有些产品在颜色和装饰上有所变化，但整体设计理念和风格雷同，难以在市场中形成竞争优势。

2. 原因分析

产品同质化的根本原因在于设计缺乏创新。一些企业和设计师在产品设计中依赖于已有的成功案例，缺乏对市场和用户需求的深入分析和创新探索。此外，市场竞争激烈，使得企业更倾向于选择风险较低的模仿策略，而不是投入资源进行创新。另一个原因是设计师创新能力的不足和企业对于原创设计投入的缺乏，导致设计作品缺乏独特性和创新点。同时，快速的市场迭代和复制，使新颖的设计很快被模仿和复制，进一步加剧了同质化问题。

3. 影响和后果

同质化产品不仅难以在市场中脱颖而出，还容易造成市场饱和与消费者审美疲劳，最终导致产品销量和市场份额的下降。同质化现象还降低了消费者的品牌忠诚度，使品牌在市场上难以建立独特的形象和声誉。此外，缺乏创新的产品设计制约了文化创意产业的整体发展，导致行业竞争力减弱，难以吸引高端人才和投资，从而影响整个产业链的健康发展。

（二）产品需求了解不足，没有市场

1. 现象描述

产品需求了解不足导致许多文化创意产品在设计和推出市场后，无法满足消费者的实际需求，缺乏市场竞争力。例如，一些文创产品虽然设计精美，但功能不实用，难以引起消费者的购买兴趣。还有些产品在推广时发现与消费者需求脱节，导致销售业绩不佳。例如，市场上常见的设计精美但价格过高的纪念品，以及功能单一、缺乏实用性的装饰品。

2. 原因分析

产品需求了解不足的主要原因在于市场调研和用户需求分析不到位。一些企业和设计师在产品设计过程中，缺乏对目标用户的深入了解和需求分析，导致产品设计偏离市场需求。此外，市场变化快，企业和设计师如果不能及时掌握市场动态和消费者需求的变化，也会导致对产品需求了解不足。企业在产品开发阶段往往依赖内部判断和经验，而缺乏系统的市场调研和用户测试，使产品与市场需求出现脱节。

3. 影响和后果

产品需求了解不足直接导致产品难以在市场上获得成功，影响企业的销售业绩和品牌形象。频繁推出不符合市场需求的产品不仅浪费了研发和生产资源，还可能导致库存积压，增加企业的财务负担。长期来看，企业难以建立稳定的用户基础和市场口碑，影响品牌的长期发展。此外，市场上不符合需求的产品过多，也会导致消费者对文创产品的信心下降，进而影响整个文创产业的发展。

（三）文化创意产品中低价产品和高价产品两极分化严重

1. 现象描述

文化创意产品市场中存在明显的两极分化现象，一方面是价格低廉、质量一般的低价产品；另一方面是价格高昂、定位高端的高价产品。中端市场产品较少，难以满足大众消费者的需求。这种现象导致市场上产品分布不均衡，消费者在选择产品时面临极端的选择，要么选择低价但质量不高的产品，要么选择高价但不一定实用的产品。

2. 原因分析

两极分化现象的主要原因在于市场定位和品牌策略的不均衡。一些企业为了追求高利润，集中资源开发高端产品，而忽视了中端市场的需求。同时，一些企业为了快速占领市场，采用低成本策略，推出大量低价产品，导致市场上中端产品的缺乏。企业在产品开发过程中，缺乏对市场需求的全面分析和细分，使得产品线布局不合理，无法满足不同层次消费者的需求。

3. 影响和后果

两极分化现象导致文化创意产品市场结构不合理，难以满足不同消费者的需求。中端市场的缺失导致大众消费者难以找到适合自己的产品，影响了市场的整体发展和品牌的长远布局。消费者在面对极端价格选择时，往往会对品牌产生不信任感，影响品牌忠诚度和市场口碑。此外，市场两极分化还可能导致企业在竞争中失去优势，因为中端市场往往是品牌建立稳定用户基础和市场份额的重要环节。

（四）产品很难串联

1. 现象描述

文化创意产品设计中存在产品与产品之间缺乏协同性的问题，不同产品线和系列之间缺乏统一的设计语言和品牌形象。此外，产品与特色文化之间也缺乏整体规划，导致文化内涵的表现和传播效果不佳。例如，一些品牌推出的系列产品在设计风格和文化元素上缺乏一致性，使得消费者难以形成统一的品牌认知。

2. 原因分析

产品缺乏协同性和整体规划的主要原因在于设计和开发过程中缺乏系统性和协调性。一些企业在产品开发过程中，缺乏对整体品牌形象和文化内涵的系统规划，导致产品设计和品牌形象的碎片化和不一致。设计团队内部缺乏有效的沟通和协作机制，导致不同产品线之间的设计风格和文化元素不协调。此外，企业在品牌建设和文化传播方面缺乏长远规划，导致产品与文化之间的连接不紧密。

3. 影响和后果

产品缺乏协同性和整体规划，不仅影响了品牌的市场形象和用户认知度，还降低了文化内涵的传播效果。消费者在面对风格和文化元素不一致的产品时，往往难以形成对品牌的统一认知和情感共鸣，影响品牌忠诚度和市场竞争力。长期来看，缺乏系统规划的品牌难以在市场上建立独特的形象和地位，制约了文化创意产业的整体发展和市场影响力。企业在文化传播方面的投入和效果也会因此受到影响，难以实现文化传递和品牌建设的双重目标。

三、文创产品国内外发展现状

（一）国内发展现状

近年来，中国的文创产业发展迅速，文创产品设计日益受到重视，逐渐成为推动文化产业和经济发展的重要力量。以北京、上海、深圳为代表的城市，纷纷设立了文创产业园区，吸引了大量文创企业和设计人才。各地政府也出台了一系列政策，支持文创企业的发展，促进文创产品的创新和推广。

中国的文创产品涵盖了广泛的领域，包括影视、出版、音乐、游戏、动漫、艺术品、旅游纪念品等。特别是在影视和游戏领域，中国的文创产品已经在国际市场上崭露头角，取得了显著的成绩。例如，中国的电影《战狼2》和《流浪地球》在国内外取得了巨大的票房成功，展示了中国影视文创产品的实力和潜力。

此外，中国的文创产品还逐渐走向国际市场，参与国际竞争。例如，中国的动漫作品《大圣归来》在国际市场上受到了广泛关注和好评，中国的游戏产品

《王者荣耀》也在国际市场上取得了不俗的成绩。中国的文创产品不仅在国内市场上具有广泛的影响力，在国际市场上也逐渐占据了一席之地。

（二）国外发展现状

在国际上，文创产业已经成为许多国家的经济支柱。美国、英国、日本等国家的文创产业发展成熟，文创产品设计水平高，市场规模大，对全球文创产业的发展具有重要影响。

美国的好莱坞电影、迪士尼动画、硅谷的数字创意产品等在全球范围内享有盛誉，是文创产业的标杆。好莱坞的电影产业不仅在电影制作上具有领先地位，还在电影的衍生品市场上占据重要位置。迪士尼的动画产品通过电影、电视、主题公园、衍生品等多种形式，形成了一个庞大的文创产业链。硅谷的数字创意产品不仅在技术上具有创新性，在设计上也具有高度的艺术性和文化内涵。

英国的文创产业涵盖了音乐、电影、出版、设计等多个领域，具有深厚的文化底蕴和强大的创新能力。英国的音乐产业以多样性和创新性著称，从摇滚乐到电子音乐，从独立音乐到流行音乐，英国的音乐产业在全球范围内具有重要影响力。英国的电影产业以其高质量和艺术性著称，如《哈利·波特》系列电影、《007》系列电影等，在全球市场上取得了巨大的成功。英国的出版产业也具有深厚的文化底蕴，如《哈利·波特》系列小说、《指环王》系列小说等，都是全球畅销的文化产品。

日本的动漫、游戏、传统工艺品等文创产品在全球市场上占据重要地位，形成了具有鲜明特色的文创产业体系。日本的动漫产业以独特的风格和高质量著称，如《龙珠》《火影忍者》《海贼王》等动漫作品在全球范围内具有广泛的影响力。日本的游戏产业以创新性和娱乐性著称，如《超级马里奥》《塞尔达传说》《最终幻想》等游戏作品在全球市场上取得了巨大的成功。日本的传统工艺品，如和服、茶道用具、陶器等，不仅具有深厚的文化内涵，在设计上也具有高度的艺术性和创新性。

四、文化创意产品设计的路径

（一）文化层面：传统元素的传承与创新

中国历史悠久，孕育和发展了许多具有代表性的民间艺术形式，其中剪纸、木刻、陶瓷、书法和水墨画是杰出的代表。这些传统文化元素的精髓值得继承和发展。然而，在时代发展的洪流中，人们被各种信息所吸引和影响，逐渐淡化了对传统文化的关注，有些人对此不屑一顾，导致了当前传统文化形式的尴尬局面。如果不采取进一步的措施，这些优秀的文化元素将逐渐消亡，这对民族来说是一个巨大的损失。创意产业这一新兴产业的兴起，恰恰为保护和传承这一民族精髓提供了良好的温床，给传统文化形态注入了新的活力。它对传统文化元素的创新性、综合性的发挥和创造，不仅使传统文化元素焕发了新的活力，也使自身走上了更广阔的发展道路。

1. 介绍传统哲学

传统哲学在中国时代发展和社会进步的过程中有着深厚的基础，并渗透到人们的潜意识中，影响着人们思维和行动的方方面面。比如道家所倡导的"道法自然"和"天人合一"就是杰出的代表，体现在中国诗歌、中国画乃至园林的建设中。将这些传统理念融入文化创意产品的设计中，可以传达出一种意境感和内涵感，从而大大提升文化创意产品的意境和内涵，有利于提升整体设计效果。例如，一个最低限度设计的香炉融入了"取半舍满"的哲学思想。它的整体造型非常简单，将直线与圆形、正方形以几何形式有机结合，表达一种回归本真的心境。它没有使用多余的装饰，也没有过分强调功能。相反，它以一种看似冷漠但有意义的形式引导人们，反映出一种忠于真实状态的宁静和冷漠。

2. 创新传统文化形式

传统文化形式的多样性确实有很大的参考价值，但固守传统或盲目创新都是产品设计中不正确的做法，很难达到理想的设计效果。这是文化创意产品设计中必须注意的一个主要方面。正确的做法是继承和发扬传统文化的精髓，挖掘和放大其内在含义，将传统与现代结合起来设计和开发文化创意产品，从而探索出更多元化的创作空间。比如一款炖锅的设计就是文化创意作品的杰出代表。设计师在设计时，以北宋画家崔白创作的《双喜图》中的喜鹊形象为原型，用喜鹊代表的喜事的美好寓意来表达喜事回家的情感。这样，原本单一的厨房炖锅因为设计师的精心设计，可以更好地为人们服务，不仅让原本枯燥的厨房事务变得轻松高效，还引导人们在不断进步中大胆尝试创新，形成自己独特的见解。

3. 整合人们的生活体验

其实很多文化创意产品设计的灵感都来自生活体验。借助生活中的某个细节或场景，我们可以表现一种态度，提升整个产品的文化品位，从而抓住人们的痛点。比如在CD播放器的设计中，最神奇的就是它的开关。它的开关设计并不是市场上常见的形式，也没有应用高科技，只是简单地设计成一根拉绳，和过去人们使用的老式电器的开关一模一样，很容易唤起人们内心柔软的情感体验，让人忍不住去拉这根绳。通过这个动作，CD播放器被成功"唤醒"，音乐慢慢飘出。

总之，传统元素是一种象征符号，可以是具象的，也可以是抽象的，但无论是什么形式的存在，它总是具有很强的辨识度和普遍的认知性。设计师在设计和运用这样的元素来充分整合和推广文化创意产品时，不能简单地照搬照抄，而应该结合实际提炼其精华，借助现代艺术手法实现更高的艺术表达，让设计出来的文化创意产品更好地满足时代发展和人们的需求，更好地为用户服务。

（二）创意层面：多概念融合创新

1. 创意产品设计研究应融入多学科，增强科学性

目前，文化创意产品设计的研究主要集中在描述性概念分析上，关注文化创意产品的定义、性质和政策。然而，文化创意产品设计的发展涉及面很广。如果能够从经济学、统计学、传播学、文学等学科的角度进行研究，将客观有效地提升研究的科学性。

2. 文化创意产品设计的研究应增加生态理念的研究，增强与自然的和谐

当今社会资源开发和环境保护问题突出，人们越来越重视与自然生态环境的协调。在未来的文化创意产品设计研究中，应更加注重与生态理念和绿色设计的

结合。文化创意产品的设计必须是与自然环境相协调的生态设计。融合科学、技术、人文、绿色四大理念开发推广文化创意产品，有助于节约能源资源，保护生态环境可持续发展。

3. 文化创意产品设计需要提升品牌的发展意识，加强可持续性

高度发达的技术和快速传播的信息使产品的技术和管理模式很容易被模仿。因此，在创意产品设计的文化资源开发研究中，应加入品牌和文化创意产品市场的理论研究。以文化为核心资源，建立消费认知，打造文化专属品牌产品，即文化衍生产品，形成文化品牌，可以提升文化创意产品的影响力和生命力。

4. 可持续发展平台建设研究

文化创意产品设计不再仅仅是简单的外观创意设计，它还涉及产品质量管理、美学设计、品牌建设、服务、创新人才、创新环境、产业链等深层次问题，包括各种设计和文化资源的布局和管理，以及产品管理、营销策划等相关策略的统筹和部署。将教育、研发、生产、销售、消费等领域有机结合，理顺文化产品设计开发全渠道，为文化创意产品设计可持续发展提供机遇和平台。

第二节　文创产品设计的发展趋势

一、时代变迁推动了文化创意产品的设计创新

目前很多实用文化创意产品的外观风格和功能结构基本是继承传统的"造型"。这虽然在感知上能保留"传统风格元素"，但在"装饰换装饰"的"符号设计"中往往失去了产品功能结构的创新，忽视和脱离了当下的时代背景，甚至脱离了当代人快节奏的生活方式和审美变化的需要。

（一）未来文化创意产品设计要注重人性化和情感化

文化创意产品的属性可以分为两个方面：一是文化创意价值属性；二是经济

价值属性。文化创意价值属性是指文化创意产品所表达的人类精神活动的内涵和影响。由此可见，文化创意产品的设计应承载人类社会的文化性和创新性，并密切关注人类文化的创意设计元素。

在中国传统文化中，"人文"一词源于古书《易经》，与"天文"相对："刚柔交错，天文地；文明以止，人文也。观乎天文，以察时变，观乎人文，以化成天下。"可见，当时的人文主要是指人类社会中的礼仪和道德。随着历史的变迁和社会的发展，中国传统文化中的人文精神也在不断发展。儒家经典、佛教和道教对中国传统人文精神有一定的影响。中国传统人文精神主要体现在对人与万物（自然）、人与社会、人与神、人自身道德伦理关系的不断发展和探讨。在产品同质化严重的今天，文化创意产品更应该在优秀传统文化的基础上注重人性化、情感化的设计，在态度、理念、情感上满足用户对文化符号的追求，满足"以人为本"的市场需求。从传统文化的角度来看，文化创意产品应该在设计、制造、使用和审美的过程中形成情感符号、社会隐喻和文化形态。

从文化创意产品的材质、造型、色彩、内容等文化语境出发，揭示如何在社会历史层面和创意设计层面把握文化创意产品的设计。

1. 现代主义设计中的人文关怀取向

在东西方现代设计思想中，人文主义一直受到设计师的青睐。以人为本的设计理念在一定程度上是经济社会发展的产物。在相对发达的社会环境下，人们的物质需求得到更好的满足，商品越来越丰富，同质化现象越来越明显。人们在消费产品时，不仅消费产品的功效属性，还消费产品的形式属性和附加值属性，期望从产品中获得更多的精神消费和价值认同。在传统文化中，人文精神的主体是人。在社会经济快速发展的消费时代，文化创意产品的设计要强调以人为本，不断关注人文层面的精神元素，在继承传统文化精髓的同时进行有针对性的设计。

（1）西方现代主义设计中的人文关怀

斯堪的纳维亚（包括丹麦、瑞典、芬兰、挪威和冰岛五个北欧国家）的设计风格在西方现代主义中最具人性化。在第一次世界大战之前，由于没有受到工业革命的影响，这个地区有着浓厚的传统手工艺氛围。"少即是多"的简约风格与实用的功能主义设计思想相结合，使传统手工艺与现代主义设计思想相得益彰，形成了独具特色的斯堪的纳维亚设计风格——强调设计的人性化、产品的人情味和人体工程学。这几点其实都强调了以人为本的设计理念，注重人文，保留了人的心理和生理需求。受现代主义设计的影响，斯堪的纳维亚设计师意识到有必要使产品形状、功能、材质、色彩、质感、耐用性和成本实现最佳平衡，从而打造真正民主的产品。如设计师穆根森1949年设计的被称为"最美椅子"的圆背椅、设计师卡尔霍尔姆1965年设计的不锈钢藤椅PK24、设计师阿尔托1970年设计的拉赫蒂教堂、设计师潘敦1998年设计的潘敦多功能椅等，都在寻求人性化与民主设计的平衡。斯堪的纳维亚的设计理念值得创意产品设计师学习和借鉴。

（2）东方现代主义设计中的人文关怀

东方文化和西方文化有显著的差异，所以东方设计风格和西方设计风格也有显著的差异，但有一个共同点，那就是都注重人文关怀。在东方的现代主义设计中，日本作为一个设计国家，在人文关怀方面有其鲜明的特点。日本设计在处理传统与现代的关系上采用了所谓的"双轨制度"：一方面，在高科技设计领域根据现代经济发展的需要进行设计；另一方面，在服装、家具、室内设计、工艺品等设计领域系统研究传统文化，以保持传统风格的延续。工业设计师喜多俊之一直致力于将濒临灭绝的传统工艺和材料融入现代设计，强调设计取自自然，属于自然。这种绿色设计理念归根结底是建立在人与自然和谐共处的基础上，注重人文关怀。设计师原研哉在阐述他的设计理念"RE-DESIGN"时提出："解决社会上大多数人面临的共同问题是设计的本质，在解决问题的过程中——也是人类能够共同感受到的那种价值观或精神。"原研哉的"再设计"意味着设计要以人为本，实现人的自我价值。中国当代的产品设计理念也更加注重"以人为本"的设计理念，也应该注重人文关怀，应该突出"人"在具体操作中的重要作用。而"人文关怀"可以成为产品设计价值重塑的重要价值导向方法和具体方法论。文化传承要从触动人们的情感开始，但以产品的形式延伸到人们的生活中，可以吸引人们对传统文化的关注，传递设计师对传统文化的热情。

（3）现代设计符号化的人文关怀

从设计符号学的角度来看，符号是文化积累和传承的最基本载体。所有文化或文明都依赖于符号。正是使用符号的能力使文化得以产生，正是使用符号使文化得以延续。相反，符号所传达的价值或意义是社会群体独特文化的总和所赋予的。文化是人类为了满足物质和精神需求而不断创造的一切成果的总和，是作为文化主体的人在创造过程中进行的自我更新和自我完善的活动。因此，文化符号是人类自我内在层面的精神表达的视觉形式，是用来传达身份信息和区分其他事物的。文化包括一套工具和一套习俗——人的或精神的习惯，它们直接或间接地满足了人类的需要。当一个社会群体遇到符合其精神需求的文化符号时，就会热衷于用这种外在符号来标榜自己的地位和人格表达。现代主义设计中的人文关怀，就是充分尊重和关怀观众的文化需求。在产品设计中，既要在功能上满足受众的基本需求，也要找到契合受众情感认同的文化符号，满足受众更高的精神需求。

2. 人文关怀导向下的文化创意产品设计

"品家家品"品牌的核心诉求是"关注人文，以华人文化起家"。从跨文化的角度来看，其产品的设计理念表明中西文化的边界正在逐渐被打破和融合。优秀的东方传统文化作为一种精神图腾，让中国人更加渴望传承和发扬。西方文化对中国人来说是新奇的，让中国人更愿意尝试和接受西方文化带来的新事物，与中华文化的碰撞，产生文化火花。时间方面，将我国传统文化元素与现代设计理念相结合进行重新设计，让传统器物和生活习惯智慧有了新的面貌和传承。为了满足现代人个性化的生活品位和精神需求，"每一件产品"的设计都是传统元素与现代设计相结合、多元化组合的新型生活器皿。这种文化有机结合所创造的审美家居产品，旨在满足中国人心中"家"的情感亲近，提升中国人的生活品位，在中国传统文化的基础上，深刻阐释人文关怀文化符号的情感嫁接。文化符号是文化创意产品向公众展示其文化内涵和精神风貌的重要载体。只有将传统符号所依托的视觉形象转化到更高的精神层面，才能提升产品的精神价值。文化创意产品的设计应以传统文化为基础，以人文关怀为导向，从材料、造型、色彩、内容等方面合理挖掘文化符号，从而体现文化创意产品的人文价值。

（1）物质层面的人文塑造

随着科技的不断创新，新材料、新加工技术不断涌现，不同材料的组合及新材料的应用范围变得更加丰富和广泛。消费者在获得基本生活需求的同时，也在不断关注产品能否给他们带来更多的安全、舒适、环保、健康和个人利益。产品的材料是满足人们需求的基础，材料的性质和加工工艺直接反映了产品本身的性质。要想满足这一特性的需求，设计师在选择产品材料时就要考虑"人文关怀"的因素。现代文化创意产品要通过选材和设计，协调人与产品、社会、环境等有机系统中各种因素的关系。设计师可以通过设计产品材料的质地、尺寸、气味、质量、熔点和成分，满足消费者在触觉、嗅觉和视觉上的文化习惯。产品不仅是具有使用功能的工具，更是反映人、社会、环境关系的文化符号。"物质的神秘之处在于，它在一个场合是一种形式，但在另一个场合是一种意义……这种对艺术作品阅读和欣赏方式的改变，也是当代艺术语境中物质材料被赋予更多文化和精神特质的重要原因之一。"比如"品家家品"品牌生产的一款"书法西式餐具套装"，在西式刀叉勺的选材上，设计师采用了西式餐具中常见的不锈钢和POM（聚甲醛树脂），POM是一种相对耐高温的塑料，质地轻薄牢固，具有一定的韧性和弹性。这种创新的材料比传统材料更有优势。此外，西方传统餐桌上的不锈钢材质刀叉，是现代中国家庭的文化尝试和新体验。这种充分考虑用户体验的选材，给消费者带来了精神、文化和功能上的多重满足。

（2）造型层面的人文构建

文创产品外部形态的审美，既是产品内部功能结构最直观的体现，也是与消费者精神需求相匹配的标志性文化符号。在功能层面上，产品的造型和功能密不可分，人们可以从视觉造型中直接感知产品的功能，更快地识别和熟练使用产品；然而，产品的功能为设计者在设计产品造型时提供了产品造型的依据。在文化层面，产品的造型传达了文化和精神价值的信息，具有一定的象征意义。例如，在中国古代，匈奴的金银器主要是动物形状。动物造型不仅反映了匈奴的经济类型、生活状况和勇敢的民族性格，还上升到意识形态，将其作为图腾崇拜。再比如上面提到的"品家家品""书法西式餐具组"。它的造型借鉴了宋徽宗赵佶的瘦金体。瘦金体笔尖细劲，线条流畅坚韧，细而饱满。将它巧妙地融入产品的造型中，呈现出薄薄的金身笔画。书法是中国传统文化的艺术表现。其不仅具有西式餐具金属材料的特点，还使东方流线的柔性与西方金属的刚性完美碰撞。餐具的手柄呼应了薄金书法的笔触，从使用者的角度来看，厚度和大小适中。在人文层面，这款产品兼具东西方文化内涵和现代设计中的功能主义特征，充分挖掘符合当代中国消费者对生活品质追求的文化符号，赢得消费者的情感认同，使产品不再是一个只有功能价值的冰冷物体，而是融入文化因素，具有人文关怀的文化理念，让产品与消费者进行情感交流，从而达到文化创意产品设计的最终目的。

（3）色彩层面的人文渲染

自古以来，人类就对颜色有一定的感知，氏族用颜色和形状建立自己的图腾来标记和区分它们。"一般来说，颜色直接影响精神。颜色像琴键，眼睛像锤子，心灵像满是琴弦的钢琴，艺术家是弹琴的手。它有目的地弹奏琴键，使人的精神产生各种波动和反响。"这种颜色往往具有精神层面的感知，代表着一个氏族的精神寄托。从社会学的角度来看，不同的颜色在相同的文化环境中有不同的含义，同一种颜色在不同的文化背景中也有很大的象征差异。自古以来，一个地区或一个民族对一种颜色的偏好取决于他们的生活环境、文化传承和情感偏见。在江苏南通，蓝印花布常被用于红白喜事。深蓝色布料在人们的日常生活中俗称绿布。"绿"和"亲"的谐音象征着双方婚后会相亲相爱，生活幸福。而在我国大部分地区，红色主要用于喜事。因此在颜色的选择上要尊重当地的文化禁忌，不同地区或民族对颜色情感的感知也不同。此外，儿童产品的色彩要符合儿童心理发展的特点，一般采用鲜艳的颜色，让他们通过色彩感知达到精神上的兴奋和快乐。文创产品是美好文化的象征，颜色的选择不应违背当地的文化禁忌、年龄、性别、文化和生活习惯，尊重人性，选择符合当地文化的颜色，象征正能量和积极向上，符合当地人的色彩情感。

（4）内容创作的人文挖掘

文创产品不仅是功能性符号信息的载体，也是中国传统文化信息的载体，具有非常诱人的内在精神魅力。设计师在设计文化创意产品时，不仅要注重产品的功能，还要注入文化内涵，这就要求将文化创意产品的内在精神演变为具有吸引力和感染力的故事进行内容创作。故事与生俱来的感染力和吸引力是信息发送者捕捉信息接收者情感需求、感知事物文化魅力的有效途径。将故事的叙事方法运用到文化创意产品的内容创作中，可以为文化创意产品的文化实力增值，形成一系列根深蒂固的产品故事，更容易被消费者接受和认可。比如中国建筑师张永和为"品家家品"设计的葫芦形"西式碗碟组"，巧妙地融入了中国北方的家庭厨房文化，张永和以故事的形式巧妙地将童年北京生活的记忆带入作品中。在物质不是很丰富的时代，把自然生长的葫芦晒干，然后切成两半，就成了生活的工具。在当今社会，设计师对这道简单的工序进行了重新诠释，这让人重新思考"家"的文化含义。情景故事法能够有效设计出具有内在层次的文化产品，有利于产品文化创新。设计巧妙运用情境将故事融入产品。设计师借鉴北方人舀水、淘米、吃饭常用的瓢的造型特点，利用中国传统的厨具、瓷器材料和西式不锈钢材料，设计出不同尺寸的西式锅碗瓢盆。不同的瓢形餐具和谐组合，用最简单的器具象征现代"家"文化的和谐。造型方面，这套餐具的特点，一是先大后小，方便人们用餐时组合菜品；二是完美体现"家庭和谐"。

中国传统文化博大精深，千百年沉淀下来的深厚文化底蕴是现代文化创意产品研发设计的坚实基础和灵感源泉。从优秀传统文化中汲取养分，发掘提炼符合消费者精神需求的文化符号，是文化创意产品设计的核心。因此，具有人文精神的"文化符号"应该作为文化创意产品内容设计的重点来打造。现代主义设计所体现的传统文化元素的精神，就是注重人文。在吸收西方国家先进设计理念和日本等东方国家高品质设计精髓的基础上，中国文化创意产品设计要培育具有中国文化特色的设计风格。在把握市场需求、尊重受众审美习惯和文化倾向的基础上，充分融合人文理念，利用优质传统文化资源。现代设计中运用了能够满足受众需求的文化元素的精致符号。一方面可以提升文创产品的文化审美力，更好地满足消费者的精神文化需求；另一方面，它们可以极大地丰富产品的附加值，缩小产品与受众之间的文化认知和情感距离，提升文创产品的商品力和市场竞争力。

（二）未来文化创意产品的设计要注重中国传统元素的应用

1. 中国传统元素

（1）中国传统元素的内涵特征

传统是指一个国家和民族经过漫长历史的沉浮而形成的思想、道德、艺术、风格等。作为一个时间概念，传统是不断运动的，而不是静止的。在设计师原研哉看来，文化只有本土的、原创的才能被人们认可，本土语言的设计理论注重激发各种交流和对话的可能性。中国传统元素主要分为两种形式，即具体形式和抽象形式。前者包含汉字、茶叶、民间工艺等，后者包含中国社会文化、生活方式、价值观等。尽管中国传统元素种类繁多，但中国传统元素的基本内涵，无论是具体的还是抽象的，几乎都可以概括为两个方面。第一，中国人特别倡导的和谐理念是"天人合一"，作为中国传统文化的思想基础，得到了道家和儒家的一致推崇。第二，"伦理"和"自强"彰显了中国传统文化的基本精神。此外，关于中国传统元素的特点，主要表现为：①代代相传。中国传统元素在一些短暂的历史阶段被中断，在各个历史时期都有不同程度的变化，但总体上没有中断，变化不大。②民族特色。中国传统元素是中国独有的，与世界其他民族文化元素有很大不同。③博大精深。一方面，中国传统元素具有丰富多彩的广度；另一方面，中国传统元素具有深不可测的深度。

（2）中国传统元素的发展现状

随着工业化和大规模生产的发展，现代主义应运而生。中国的文化创意产品设计在一定程度上受到了西方现代主义的影响。在长期的发展过程中，中国的文化创意产品经历了从认知到理解、从模仿到反思和创造的过程。尽管文化创意产品设计的西化热潮有所消退，但中国传统元素的设计尚未成为文化创意产品设计的主流。如何推动中国传统元素设计的大众化和主流化发展，传承中国传统文化是重要途径。设计师要注重从日常生活中挖掘中国传统文化的设计元素，促进传统元素与现代设计理念和手法有机融合，促进传统理念与新时代元素有机融合。如今，随着科技、材料、媒体的不断创新，新思想、新概念的不断涌入，民族文化与地域文化不断碰撞交融，设计师不应静态地看待中国传统，而应深刻理解传统文化的含义，从不同的方向和角度探索中国传统元素在文化创意产品设计中应用的各种可能性。

2. 中国传统元素在文化创意产品设计中的应用分析

以中国传统元素为传统文化的载体，立足中国传统元素的内涵特征，推动中国传统元素、创意思维与现代技能的有机融合，实现创新性的集成设计，使衍生文化创意产品的造型、色彩、图案等充分满足大众的审美情趣和精神需求，实现文化创意产品的实用性、艺术性和文化性的高度统一。现以剪纸艺术、传统吉祥观念等中国传统元素为例，探讨中国传统元素在文化创意产品设计中的实际应用。

（1）剪纸艺术在文化创意产品设计中的实际应用分析

剪纸是中国重要的传统元素。作为一种民间手工艺，随着时代的发展，其生命力和表现形式也在不断演变，而随着纸制品种类的不断增加和机器雕刻技术的不断发展，剪纸的形式和功能也大大拓展。传统剪纸艺术在文化创意产品设计中的应用可以实现双赢，即一方面可以为文化创意产品的设计提供丰富的素材，另一方面可以赋予剪纸新的形式，延续剪纸的时代感和时尚感。

① 剪纸外在形象在文化创意产品设计中的应用。作为传统剪纸的简单延续，它可以基于剪纸图案传达符号信息，从而为人们提供美好的视觉体验。这种应用形式包括单层传统剪纸装饰画、单层现代剪纸装饰画和多层现代剪纸装饰画等，都属于传统剪纸的发展和延续，是剪纸外在形象在文化创意产品设计中的应用。

② 剪纸文化在文化创意产品设计中的应用。现代雕刻机的诞生，为剪纸技术的传承和发展创造了一定的机遇。比如，立体贺卡是雕刻机制作的一种文化创意产品，不仅附加值高，还能让人领略到如何通过加减把一张普通的纸变成生动立体的场景，让人们直观地体验到剪纸的乐趣。

③ 剪纸艺术的精神内核在文化创意产品设计中的应用。据相关史料记载，剪纸起源于方胜，唐代用于装饰。后来，学者和诗人赋予它祭祀的目的，剪纸可以作为重要季节祈祷的道具。剪纸技术具有向往美好生活的精神内涵。典型的剪纸作品如龙凤、戏水鸳鸯，无不透露着剪纸的精神内核。因此，一些设计师将这些精神内核运用到文化创意产品的设计中，设计出周年贺卡等文化创意产品，为人们的日常生活增添色彩。

（2）中国传统吉祥观念在文化创意产品设计中的应用分析

传统吉祥观念是中国重要的传统元素，作为中国历史传承下来的传统文化符号，是其他艺术文化形式无法替代的。通过将传统吉祥符号引入现代文化创意产品设计并进行创新应用，可以实现文化创意产品的文化传播。首先，传统吉祥观念中的"形"在文化创意产品设计中的应用。传统吉祥观念在文化创意产品设计中，对于吉祥图案的表达，最为直接。吉祥图案可以传达出鲜明的吉祥寓意，消费者可以通过外观实现对吉祥寓意的理解。比如，可以将植物、动物、器物的吉祥图案直接应用到文创产品的外观上，使吉祥图案成为文创产品装饰设计的一大亮点。其次，传统吉祥观念中的"意"在文化创意产品设计中的应用。文创产品是一种表达内在意义的形式，单纯将吉祥图案应用于文创产品设计中的造型和装饰是远远不够的，也要深刻理解传统吉祥观念的文化内涵，让文创产品能够有效传达吉祥寓意。比如洛可可有限公司设计的牙签盒"签在顶上"，实现了传统吉祥理念与文化创意产品设计的结合。牙签盒的设计灵感来自中国的占卜和摇签仪式。它被命名为"商"，意思是安全和顺利。其中，造型源于具有代表性的天坛祈年殿的缩影，蕴含着深厚的民族情怀。最后，传统吉祥观念中的"神"在文化创意产品设计中的应用。传统的吉祥观念反映了劳动人民几千年来的夙愿，也蕴含着中国古代"天人合一""回归自然"的思想。传统吉祥观念"精神"的意蕴是一种观念承载。在文化创意产品的设计中，在传达其"形"与"意"的基础上，还需要对相关吉祥意象进行再创造，赋予其时代气息，从而传达传统吉祥观念"精神"，凸显文化创意产品全新的意境。

总之，中国传统元素是中华民族几千年历史文化的重要载体，具有非常宝贵的文化价值，是现代文化创意产品设计生存和发展不可或缺的土壤。同时，发掘中国传统元素服务现代社会，是现代文化创意产品设计开发的重要途径。因此，文创产品设计相关人员必须创新思维和认识，提高对中国传统元素文化内涵的深刻理解，用现代艺术语言表达传统元素的文化意蕴，促进中国传统元素与文创产品设计的有机融合，提升文创产品的文化内涵，实现传统文化的传承与发展。

二、数字传播在文化创意产品设计和推广中的作用

数字产业的发展给人们的生活带来了巨大的变化，信息时代人们的创造活动有了更丰富的内涵。服务生活的文化创意产品的信息推广和功能展示越来越依赖数字传播。在此背景下，探讨数字传播在文化创意产品设计与推广中的作用，分

析基于信息传播模式的数字传播与推广，探讨其在文化创意产品推广中的作用及文化创意元素的数字化承载，从而更好地发挥数字传播的积极作用，服务于文化创意产品的文化创意展示，提升传播推广的有效性。

（一）相关概念的内涵和特征

数字通信或网络通信。网络传播是指以计算机为主体、多媒体为辅助的信息传播活动，能够提供多种网络传播方式，应对包括捕捉、操作、编辑、存储、交换、展示、打印等各种功能。数字传播依赖于信息网络环境，具有交互性、非线性和实时性的特点。从硬件到软件，从云服务到各种终端，从信息综合分发平台到自媒体传播，数字网络传播的传播技术和理念得到了快速发展和更新。

文化创意产品推广是将文化创意产品、服务、技术、文化相关的信息进行延伸，让更多的受众了解和接收，从而达到宣传、普及、消费的目的。

（二）数字承载和传播文化创意产品功能的体现

1. 基于信息传播模式的基本机制与体现

基于香农信息论，信息传播模式的研究取得了丰硕的成果，其中大部分是基于信息的发送、传输、接收和反馈之间的关系。香农信息传输的基本模式原理是将信息从信源编码成信号，解码后通过信道反馈给信宿，其中包括对干扰和噪声的处理，从而形成信息的有效传播。视觉传播和数字传播遵循这一基本模式并延伸其含义。当代文化的各个层面都趋向于高度视觉化。可见性和视觉理解及其阐释已经成为当代文化生产、传播和接受活动的重要维度。在可视化、网络化的传播过程中，设计者和网络运营者参与了信息的编码和发送，扩展了信息源的含义。或者网络分销的产品是信息信号的载体或传输渠道，这就延伸了渠道的含义；观众对信息的解读扩展了信息接收和解码的意义。

（1）文化创意产品的数字化承载和传播

产品文化创意的承载遵循信息传播的基本模式原理。设计师用文化元素和创作意图形成形态语言，通过"产品"承载传达给观众。设计师将现实文化创意产品的声、形、像等元素形成适合数字网络推广的视听材料，以"富媒体"的形式传达给受众。与此同时，数字和网络技术的应用催生了数字文化创意产品。数字网络文化创意产品作为文化创意产品的一种形式，可以在虚拟的数字网络中生成、存在和发展。

基于网络思维的数字文化创意产品设计包括面向文化内容的数字网络媒体应用、数字互动设备、数字娱乐等。网络参与、资源共享、互联互动已成为数字文化创意产品的基本特征。数字文化创意产品可以借助数字化、网络化的媒介直接或间接存在和发展，依靠数字传播的客观环境实现功能或在数字空间得到普及。比如开发商"斯托米娜茶杯"制作的VR游戏《灯笼》，无论是画面（建筑、自然风光）、配乐还是游戏本身的内容，都充满了东方韵味。借用中国元素灯笼，感受传达爱与温暖的意义，带来快乐与色彩。又如中央美术学院交互设计实验室开发的移动交互应用"中国古典家具"，故宫博物院的交互应用"每日故宫"等，这表明历史艺术作品不再局限于博物馆，而是通过数字化的表达方式展示丰富的物品信息，让人们通过信息交互感受中国遗产的魅力。

（2）数字化传播拓展了文创产品的信息传播渠道

数字通信体现了虚拟网络空间通信的特点，它具有非线性、放射性、多通道和实时性等特点。除了一对多的通信方式，还有一对一的通信方式、多对一的通信方式和多对多的通信方式，是一种分散的通信方式。信息的传播通过各种信息渠道直接或间接到达受众。数字化推广不再受空间限制。对于信息终端，我们可以在网络覆盖的任何区域获得相应的网络资源。

（3）受众高效接收信息并形成反馈

数字传播对设计行为的影响是显而易见的，可以影响从设计构思到设计反馈的诸多环节。数字媒体无疑为我们提供了良好的环境。设计师可以借助网络资源，探索、学习、发现、洞察市场，进行定位，甚至测试产品。通过图像、文字、声音、视频等丰富的媒体元素，产品受众可以高效完成对产品信息的认知，获得虚拟体验，进行即时的信息交流和反馈。在这个过程中，会形成各种信息反馈的大数据。通过大数据分析，促进产品更新迭代。

2. 促进文化和创意产品的数字传播

（1）作用于文化和创意产品中包含的文化创意的感知和体验

在生产和消费过程中，文化产品所蕴含的精神因素可以传承下来，潜移默化地影响人们的生活习惯、文化心态、知识结构甚至世界观。物质产品只有物质属性，主要是满足人们衣食住行等物质生活的需要。它具有思想、感情或精神和物质的双重属性。文创产品的设计主要是将产品所蕴含的文化因素分析转化为设计元素，从而形成融入现代生活的新载体，发掘并满足其使用功能背后的精神需求。文化创意产品的形成过程是对特定文化内容的挖掘、解读、演绎和展示，通过视觉符号和形式表现出来，产生相应的认知和理解。比如在数字娱乐产品的设计中，营造具有文化背景的视觉氛围，让观众在情境体验中触发对场景的文化观察和探索。

（2）文化创意产品的认知与传播

受众对文化产品的体验往往基于他们对文化本身的情感诉求。这往往是文化创意产品和一般功能产品的区别。产品形成过程的展示包含了对文化的解读，包括人与物的关系、材料的获取与使用、传承的技法与技巧、创作的体验与理解，这些都转化为对物理感受的把握与表达，通过数字媒体的记录与分解一一呈现，从而增强人们对其人文背景、文化传承、技术特征、创作理念等的文化认知与感受。正如有关"手艺"的各类网站、App、微博等，都有关于手艺产品创意和制作过程的介绍，通过声像视频和图文，让受众能直观地了解产品的设计与生产的过程，增强对文创产品信息的认知。

（3）作用于文化创意产品功能效用的传播

创意引导消费和体验，数字媒体成为消费者了解产品的桥梁。在网购模式下，数字传播将展示产品的设计意图、使用方法、功能演示、工艺材料、使用测试、数据对比等诸多信息。作为一种推广策略，旨在分析产品是什么，为什么使用及如何使用，并介绍产品的优势。消费者不再出于简单的感性认识进行盲目消费，而是进行有意识地尝试，甚至会对同类产品做一些比较和研究，因而更加依赖于数字富媒体的信息传递、演示和分析。

（三）数字化保护和弘扬传统文化元素

1. 传统文化元素的数字化保护

20世纪末，美国和欧洲国家对区域文化保护和传播进行了数字化探索。1992

年，联合国教科文组织发起了世界记忆项目，将现代信息技术应用于文化的保护和传播。2005年，国务院办公厅发布《关于加强我国非物质文化遗产保护的意见》；2011年，《非物质文化遗产保护法》实施。这两个文件对非物质文化遗产保护做出了规定，指出了文化数字化保护和传播的重要性和必要性。

传统文化元素的数字承载形式往往是图像和文字，大部分可以通过现代记录工具呈现。信息技术背景下，文化的数字化保护、传承和发展全面展开，国家和地方文化部门正在对传统文化的内容、形式和传播方式进行数字化传承、创新和提升。央视纪录片《手艺》通过影像聚焦中国传统手工艺的传承与发展，以全新的视角展现中国传统手工艺和工匠的现状，详细记录工艺流程、技术原理、工艺理念等，系统形成传统手工艺的收藏与传播。

数字技术对推动文化创新产品发展的意义显著。通过建立数据库、数据分析、融合虚拟技术和文化元素动态技术，可以展示、传承和创新相关特色文化，为文化资源的开发利用提供了新的思路和方向。

2. 传统文化元素可以被创造性地展示出来

文化的发展具有很强的继承性和延续性。任何新文化都必须面对传统，这是在传统文化基础上的创新，符合社会发展规律。数字技术的运用丰富了传统文化元素的呈现形式。比如，相关文化科普App设计及数字博物馆等。通过数字产品的开发，对传统文化元素进行分析和改造，以互动的方式展示其类型、历史脉络、组织结构、形式原则、艺术技术特征，从而形成传达创作精神、创作技巧、创作素材和创作成果的阅读材料，展示和推广传统文化元素的相关信息内容，供观众观看、阅读和学习，从而传承和弘扬传统文化。

3. 促进不同地区的文化交流和融合

数字传播具有很强的融合、渗透和辐射能力，尤其是在网络视频、游戏、电子商务等方面。当我们打开天猫、京东、亚马逊等网购平台时，全球网购服务正在覆盖每一个角落。为了方便销售，商家在销售页面上详细展示背景、文化、技术、功能等产品信息，将文化元素以产品推广的形式传达给全球消费者。我们在消费文化产品的同时，也在不断吸收国外的技术和经验等。数字传播作为文化交流和融合的桥梁发挥着良好的作用。

（四）影响和促进文化消费

1. 刺激文创产品消费，完善其运营模式和营销模式

近年来，国家积极推进"互联网+"发展战略，也为文化产业发展打开了无限的想象空间。以网络和数字媒体为载体的数字传播日益成为大众生活的基本生活需求。用新媒体承载、传递和分析文化创意消费资料，已成为大众生活和文化消费的重要组成部分。文创产品背后的运营模式和营销方式也在发生变化。"互联网+文化创意产业"的运营模式推动了互联网企业对文化企业的并购，文化创意产业在不同领域的跨界衍生成为新常态。一方面，企业通过互联网技术加速与电商的广泛合作，通过网络平台进行线上线下双向营销互动。另一方面，加快营销方式的多元化，利用游戏营销、精准营销、SNS营销等各种新的营销模式，完善营销布局。研发与文创产品生产、商业周边、线上线下营销等环节的互动，推动了数字时代产业价值的最大化。

2. 提高文化消费质量，丰富人民生活

数字生活本身就是一种独特的文化现象。文化消费以知识和智慧生活方式为基础，加速了人们对文化和知识的认知理解。人们将丰富的大众生活投射到数字网络虚拟生活中，分享智慧、快乐，共同解决问题，共同创造和体验文化。受众不再是封闭孤立的个体，而是资源丰富的网络生活的分享者、创造者和体验者，这也为生活增添了更多的乐趣和可能。

（五）数字化承载和推广的局限性

数字化传播推广模式中的物理体验程度较低，虚拟体验不能等同于物理体验。除了数字娱乐、功能性节目等数字媒体产品，还有相当一部分文化创意产品是以实物的形式存在的，数字信息不能等同于实际事物，导致缺乏实物体验。另外，数字化推广依赖于数字技术的高效传播，其可控性相对有限。虚假信息、负面产品、恶意推广也是造成不良影响的重要因素。提高相应的监管和技术门槛是有效的应对措施。总之，我们应该更多地利用数字通信技术来促进优势，消除劣势。充分发挥其对社会的积极作用，限制其对社会的消极影响。

　　通过观察分析数字传播在文化创意产品设计和推广中的实际作用，从基本信息传播方式、文化创意产品推广内容、社会效用、互联网经济模式下传统文化元素开发利用和推广的意义等方面可以看出，数字媒体改变了信息受众的认知方式和结构，丰富了感性媒体，有效地进行了信息的互动传播和体验。同时，借助有效的传播策略，让受众深刻感知文化生态特征和创意表达，从而获得更细致、生动、深入的文化理解和认知体验。

　　数字传播的介入更多的是对文化认知和创造的传播和提升，使其成为提升文化经济竞争力、促进文化消费的重要手段。更加注重人的能动性，努力发掘本土文化中的优秀元素，培育新的创意亮点，推动文化创意产品的开发、推广和创新输出。

第三章

文创产品设计的创意思维

第一节　创新思维的途径

一、设计思维模型的创新

（一）设计思维模型

设计思维模型是创新思维的重要工具，通过系统化的方法，帮助设计师在解决复杂问题时找到创新的解决方案。经典的设计思维模型一般包括以下阶段：共情（Empathize）、定义（Define）、构思（Ideate）、原型（Prototype）和测试（Test）。

1. 共情

在这个阶段，设计师为了深入了解用户的内心世界，必须投身于一个全面而细致的探究过程。首先，通过用户访谈，设计师与潜在用户进行面对面的交流，倾听他们的声音，捕捉他们日常生活中的点滴。这种直接的交流方式能够揭示出用户的真实需求和期望，为设计提供宝贵的参考。然后，设计师需要进行细致的用户观察。在用户的自然环境中，观察他们如何与产品、环境以及其他人互动。通过这种观察，设计师能够更加直观地了解用户的行为模式和使用习惯，从而更准确地把握他们的需求。设计师可以通过问卷调查、数据分析等多种方式，收集关于用户的基本信息、使用场景、需求偏好等方面的数据。这些数据能够为设计师提供量化的支持，帮助他们更加科学地理解用户。

在共情阶段，设计师的目标不仅仅是了解用户的显性需求，更要深入挖掘其潜在需求。这需要设计师具备高度的同理心，能够站在用户的角度思考问题，设身处地地体验用户的感受。例如，在设计一款面向老年人的智能手环时，设计师需要特别关注老年人的健康管理需求。他们可能关心自己的健康状况，希望通过手环实时监测血压、心率等指标。此外，老年人在使用智能产品时可能会遇到操作困难，因此设计师还需要关注手环的易用性，确保老年人能够轻松上手。

2. 定义

设计师必须对共情阶段收集的丰富信息进行细致的梳理和分析，从而准确地把握问题的核心，并确立清晰的设计目标。这个阶段不仅是对用户需求的简单理解，更是对潜在问题的深度挖掘和精确定位。

进入定义阶段，设计师的任务是将那些原本模糊、宽泛的问题，通过逻辑分析和创新思维，转化为具体、可执行的设计命题。这要求设计师不仅要有敏锐的洞察力，还要有丰富的设计经验和深厚的专业知识。

以老年人智能手环的设计项目为例，设计师首先会回顾共情阶段收集到的所有信息，如老年人的生活习惯、使用习惯、身体条件、心理需求等。然后，他们会利用这些数据，结合设计理论和实际经验，将问题具体化。再如，针对老年人可能面临的视力下降问题，设计师会思考如何简化操作界面，使其更加直观、易于理解。他们可能会考虑使用更大的字体、更鲜明的色彩对比，或者通过图标和动效来增强界面的可读性。同时，考虑到老年人可能对新技术和新产品的接受度较低，设计师还会思考如何提高佩戴舒适度，让老年人更愿意佩戴并长期使用这款智能手环。他们可能会关注手环的材质、重量、尺寸等物理属性，以及佩戴时的舒适度、稳定性等。

通过这样的分析和思考，设计师能够将原本模糊的问题具体化，形成一系列明确、具体的设计命题。这些命题将成为后续设计阶段的重要指导，帮助设计师更好地满足老年人的需求，设计出一款真正符合老年人生活习惯和心理需求的智能手环。

3. 构思

在这个阶段，设计师需要全身心地投入一场深入而富有成效的头脑风暴。这个过程不仅要求设计师发挥他们的创造力和想象力，更需要他们秉持开放的心态，接受并探索各种可能性。这个阶段的核心目标，就是挖掘并汇聚尽可能多的创意和解决方案，为后续的设计实施打下坚实的基础。

在头脑风暴的过程中，设计师需要特别注意创意的广度和多样性。这意味着他们不能局限于传统的思维模式和常见的解决方案，而是要敢于挑战既定的框架，寻找那些新颖、独特、富有创新性的设计概念。这种突破常规的思维模式，有助于设计师打破思维的局限，发现那些被忽视或隐藏的灵感和潜力。

继续以简化老年人智能手环的操作界面为例，设计师可以围绕这个核心目标，提出各种创新性的设计方案。首先，他们可以考虑引入语音控制技术，使老年人能够通过简单的语音指令来完成手环的各项功能操作。这种设计不仅能够极大地简化操作流程，还能让老年人在使用过程中感受到更多的便捷和舒适。此外，设计师还可以考虑优化触摸屏的操作方式。通过减少不必要的操作步骤、增大触摸按钮的尺寸和间距、使用更加直观易懂的图标等方式，可以让老年人在使用手环时更加轻松自如。同时，他们还可以探索使用物理按钮的可能性，通过设计一些易于识别和操作的按钮，来辅助老年人完成手环的功能操作。

除了上述的具体设计方案，设计师还可以从多个角度入手，探索更多可能的解决方案。例如，他们可以考虑在手环中集成一些老年人常用的健康监测功能，如心率监测、血压监测等；或者通过引入人工智能技术，让手环能够根据老年人的使用习惯和需求，自动调整和优化功能设置。这些创新性的设计思路，都有助于提升老年人智能手环的用户体验和使用效果。

总之，在构思阶段，设计师需要通过深入的头脑风暴和广泛的创意探索，提出尽可能多的创新性设计方案。这个过程不仅需要他们具备丰富的设计经验和技能，更需要他们具备开放的心态和敢于挑战的勇气。只有这样，他们才能够在众多的设计方案中，找到那个最符合项目需求、最具创新性和实用性的方案。

4. 原型

设计师在构思阶段将内心的独特创意转化为能够触摸和感知的原型，这个过程充满了挑战与机遇。原型不仅是设计概念的具体化，更是设计师与潜在用户之间的桥梁，通过它，设计师能够更直观地了解设计在实际应用中的表现。

在原型阶段，设计师通常会采用物理模型或数字模型进行展示。物理模型能够让人们直接触摸和体验设计，感受到其形态、材质和尺寸等物理特性。而数字模型则更加灵活，可以通过计算机模拟进行快速迭代和修改，极大地提高了设计效率。

还是以手环设计为例，设计师在制作原型时，会集成一些基本功能，如健康监测、紧急呼叫等。这些功能的选择是基于对用户需求的深入了解和分析，旨在解决用户在实际生活中的问题。通过初步测试，设计师可以验证这些功能的可行性和实用性，发现潜在的问题和不足，为后续的优化和改进提供依据。

在原型制作过程中，设计师会注重细节和精度，让原型尽可能地接近最终产品。他们会选择合适的材料和工艺，进行精细的加工和组装，确保原型的外观和性能都符合预期要求。同时，设计师还会考虑原型的可扩展性和可定制性，以便在后续阶段根据用户需求和市场反馈进行灵活调整。

原型阶段是设计师将创意转化为实际产品的关键阶段。通过快速制作原型并进行初步测试，设计师可以验证设计概念的可行性和实用性，为后续的优化和改进提供有力支持。同时，原型也是设计师与用户沟通的重要工具，通过它，设计师可以更好地理解用户需求和市场反馈，不断提升自己的设计水平。

5. 测试

设计师将精心制作的原型交付给用户进行测试，这一步骤是整个设计流程中至关重要的环节。它不仅仅是简单地展示一个设计构想，更是将理念与实际应用相结合，通过用户的实际操作来检验设计的合理性和实用性。

在测试阶段，设计师需要精心组织，确保测试过程能够全面、系统地收集到用户的反馈意见。首先，明确测试的目标和目的，是针对产品的某一特定功能进行测试，还是对整个产品的整体性能进行评估。然后，要选择合适的用户群体，确保他们具备代表性和多样性，能够全面反映不同用户群体的需求和习惯。

在测试过程中，设计师需要密切关注用户的操作过程，观察他们的反应和表现。通过用户的实际操作，设计师可以直观地了解到设计中存在的问题和不足。例如，老年用户在使用产品时可能会遇到操作不便、功能不实用或佩戴不舒适等问题。这些问题对于设计师来说都是宝贵的反馈，需要认真对待并加以改进。

当收集到用户的反馈意见后，设计师需要进行仔细的分析和总结。要对用户的反馈进行分类和归纳，找出其中的共性和规律。然后，根据测试结果和用户的反馈意见，对设计进行改进和优化。这包括对设计细节的调整、功能的优化以及整体性能的提升等方面。通过不断的迭代和优化，设计师可以逐步完善设计，提升产品的最终品质。

在整个测试阶段，设计师需要保持开放的心态和积极的态度。要敢于面对用户的批评和建议，勇于承认自己的不足和错误。只有这样，设计师才能不断学习和成长，提升自己的设计能力和水平。同时，设计师还需要与团队成员保持密切的沟通和协作，共同解决测试过程中遇到的问题和挑战。通过团队的共同努力，可以确保测试工作的顺利进行和产品的成功上市。

（二）符号学与完形心理学

符号学和完形心理学是设计思维的重要理论基础，通过对这两个领域的研究，设计师可以更好地理解和运用设计元素，提升产品的视觉和功能表现。

1. 符号学（Semiotics）

符号学是研究符号及其意义的学科。在文创产品设计中，符号学帮助设计师理解和运用各种视觉符号和文化符号，传达特定的文化内涵和情感。设计师可以通过颜色、图案和形状等符号元素，表达产品的主题和品牌故事。例如，红色在中国文化中象征吉祥和喜庆，设计师在设计春节主题产品时，可以广泛使用红色来传递节日的氛围。

符号学还包括对符号意义的解码和编码过程。在设计过程中，设计师需要考虑目标用户对符号的理解和解读方式，确保设计的符号传达出预期的意义。例如，在设计一款以传统文化为主题的茶具时，设计师需要确保所用的传统图案和纹样能够被现代用户正确理解和欣赏。

2. 完形心理学（Gestalt Psychology）

完形心理学关注人类如何感知和组织视觉信息。完形原理如接近性、相似性、闭合性和连续性等，帮助设计师在设计中创造和谐和连贯的视觉体验。例如，按照接近性原理，设计师可以将相关的元素放置在一起，帮助用户快速理解和使用产品。

完形心理学强调整体性和结构性。设计师在设计文创产品时，可以利用完形原理来增强设计的整体感和一致性。例如，在设计一款文创文具套装时，按照相似性原理，使用统一的颜色和图案，增强产品的视觉统一性和品牌识别度。

将符号学和完形心理学结合，设计师可以在文创产品设计中创造出既有文化内涵又具备视觉吸引力的作品，提升用户的使用体验和文化认同感。

（三）从设计思维模型到层次完形法的设计过程

层次完形法是一种将设计思维模型与完形心理学相结合的设计方法，通过分层次的设计过程，提升产品的整体性和用户体验。

1. 分析过程

分析过程是设计思维的起点，通过系统的分析，设计师可以深入理解设计问题的背景、用户需求和市场环境。分析过程包括以下几个步骤。

（1）用户调研

用户调研是分析过程的首要步骤，它通过问卷调查、用户访谈和实地观察等多种方法，全面而深入地挖掘用户的需求和期望。这个过程旨在让设计师能够贴近用户，真正了解他们的使用习惯、痛点以及潜在需求。例如，在设计一款针对儿童的教育玩具时，设计师不仅要关注儿童的兴趣和学习习惯，还需要了解家长对教育玩具的期望和关注点。通过这种方法，设计师可以获得第一手的用户数据，为后续的设计提供科学依据。

在用户调研的过程中，设计师需要注重数据的真实性和代表性。他们需要通过合理的样本选择和科学的分析方法，确保所获得的数据能够真实地反映目标用户的需求和期望。同时，设计师还需要注意保护用户的隐私和权益，确保调研过程的合法性和合规性。

（2）市场分析

市场分析是分析过程的另一个重要环节。它通过对市场上同类产品的深入研究，了解这些产品的优缺点、市场定位以及用户反馈等信息。这个过程旨在帮助设计师了解市场趋势和竞争格局，发现未被满足的市场需求和创新机会。例如，在分析市场上现有的智能家居产品时，设计师需要关注这些产品的功能特点、设计风格以及用户评价等方面的信息。通过对比分析，设计师可以发现用户对语音控制和智能互联功能的需求增加，从而在产品设计中重点关注这些功能的实现。

在市场分析的过程中，设计师需要保持敏锐的市场洞察力和判断力。他们需要关注市场动态和新兴技术趋势，以便及时调整设计策略和方向。同时，设计师还需要关注竞争对手的动向和策略变化，以便更好地应对市场竞争和挑战。

（3）设计定位

设计定位是分析过程的最后一步，也是设计过程中的关键环节。它根据用户需求和市场分析的结果，确定设计目标和方向，明确产品的核心功能和设计风格。设计定位不仅是对产品功能和形式的定义，更是对用户需求和市场趋势的回应和满足。例如，在设计一款环保文具时，设计师可以根据用户和市场调研的结果，定位于使用可再生材料和进行简约设计。这种设计定位不仅突出了产品的环保属性，还符合现代审美趋势和用户需求。

在设计定位的过程中，设计师需要注重创新性和实用性。他们需要在满足用户需求和市场趋势的同时，注重产品的创新性和差异性。通过独特的设计理念和创意思维，设计师可以打造出具有竞争力的产品，赢得用户的喜爱和市场的认可。

2. 综合过程

综合过程，作为设计思维中的核心环节，其深度和细致程度对于设计成果的质量具有决定性的作用。这个过程不仅是对设计师创造力的考验，更是对设计师逻辑思考、问题解析和方案整合能力的全面检验。

（1）创意构思

创意构思是综合过程的起点，也是设计思维中最富有挑战性和创造力的阶段。在这个阶段，设计师会借助各种创意激发工具，如头脑风暴、创意工作坊和设计竞赛等，从多个角度和层面挖掘和提炼设计问题。这些工具的运用不仅可以帮助设计师打破思维定势，还能激发他们内心深处的创新灵感。

以设计一款文化旅游纪念品为例，设计师可能会从地域文化的特色元素、历史故事中的经典场景、传统工艺的独特技艺等多个角度入手，进行创意构思。他们会将这些元素和场景融入设计中，创造出既具有文化内涵又充满创新性的设计方案。

（2）概念设计

在创意构思的基础上，设计师会进行概念设计。这个阶段的任务是将抽象的创意转化为具体的设计方案，通过草图和模型等展示设计的基本构思和功能。概念设计是设计思维中的关键环节，它决定了设计的方向和框架，对于后续的设计工作具有指导意义。

以一款多功能智能手环为例，设计师在概念设计阶段会绘制出详细的草图和3D模型，展示手环的外观设计和功能模块。这些草图和模型不仅要清晰地传达设计师的创意和想法，还要引起用户的兴趣和共鸣。在这个阶段，设计师会注重设计的细节和用户体验，确保设计方案在功能、外观和实用性上都能够达到最佳状态。

（3）方案优化

概念设计完成后，设计师还需要根据用户反馈和专家评审对方案进行优化和改进。这个阶段的任务是不断完善和细化设计方案，提升设计的可行性和实用性。通过用户测试和专家评审等方式收集反馈意见，设计师可以及时发现并解决设计中存在的问题和不足。

在方案优化阶段，设计师会注重细节的调整和功能的完善。他们会根据用户的使用习惯和需求，调整设计的细节和功能布局，确保产品在实际使用中能够达到最佳效果。同时，他们也会关注产品的可制造性和成本效益等因素，确保设计方案在商业上的可行性。

总之，综合过程是设计思维中的核心环节，它涵盖了从创意构思到方案优化的全过程。在这个过程中，设计师需要充分发挥自己的创造力和想象力，不断挖掘和提炼设计问题；同时还需要注重设计的可行性和实用性，确保设计方案能够在商业上取得成功。

3. 评估阶段

评估阶段是设计思维的验证和完善，通过实际测试和用户反馈，设计师可以不断优化和完善设计方案。评估阶段包括以下几个步骤。

（1）原型制作

原型制作是评估阶段的起点，它将设计师的构思转化为可触摸、可感知的实体或数字模型。在这个阶段，设计师会利用高保真原型技术，如3D打印、CNC加工或数字建模软件，将设计方案中的每一个细节和功能都精确地呈现出来。这样的原型不仅能帮助设计师验证设计的可行性和实用性，还能为后续的用户测试提供实际的测试对象。

以智能手环为例，设计师会首先制作出智能手环的3D打印原型，这个原型会包含手环的外观、尺寸、按键布局、屏幕显示等所有设计元素。通过实际触摸和操作这个原型，设计师可以初步评估手环的舒适度和易用性，为后续的改进提供方向。

（2）用户测试

用户测试是评估阶段的重要环节，它将设计师的原型交给真实的用户进行体验。在这个阶段，设计师会邀请一定数量的目标用户，让他们在实际环境中使用原型，并记录下他们的使用体验和反馈意见。这些反馈意见会帮助设计师发现设计中的问题和不足，为后续的改进提供依据。

在智能手环的用户测试中，设计师会邀请不同年龄、性别、职业的用户来体验手环的原型。他们会观察用户在使用过程中的反应，记录下他们的问题、困惑和建议。这些反馈意见将成为设计师改进设计的重要参考。

（3）反馈分析

反馈分析是用户测试后的必要步骤，它要求设计师对收集到的用户反馈进行系统的整理和分析。在这个阶段，设计师会仔细研究每一条反馈意见，找出其中的共性问题和改进建议。通过对这些问题的分析，设计师可以明确设计优化的方向和目标。

在智能手环的反馈分析中，设计师会发现一些共性问题，如手环的佩戴舒适度不够、某些功能操作不够便捷等。针对这些问题，设计师会提出具体的改进措施，如调整手环的材质和尺寸、优化功能操作流程等。

（4）设计改进

设计改进是评估阶段的最终环节，它要求设计师根据用户反馈和测试结果对设计进行针对性的优化和完善。在这个阶段，设计师会结合反馈分析的结果，对设计方案进行迭代和优化，提升产品的最终品质和用户体验。

在智能手环的设计改进中，设计师会根据用户的反馈和建议，对手环的材质、尺寸、功能操作流程等进行优化。通过不断的迭代和优化，设计师可以确保最终的产品能够满足用户的需求和期望，提升用户的满意度和忠诚度。

二、创意思维的创新

创意思维是指创造性的想法，在文创产品的创作中，设计师的创意思维是设计过程中不可或缺的。设计师对传统文化进行提炼、创作，结合目标消费人群的价值取向，将再创作的文化符号与实用产品紧密结合，做到满足物质和精神的双重需求，创造出符合市场与消费者青睐的产品。一般，我们将创意思维分为用户思维和产品思维。目前，市场上大多文创产品缺乏真正意义上的创意思考，没有从大众生活入手，这样的产品设计很难融入生活，受到大众的青睐。而文创产品本身是设计师创意能动性的表现，下面将简述创意思维如何在文创产品设计中得到有效应用。

（一）传统文化的探索创新

民族文化是现代文创产品的瑰宝，传统文化也是设计师创意思维的源泉之一。好的民俗传统文化应该被传承，但是如何借用传统文化，更好地打造文化产品是设计师应该考虑的问题。只有在文创品牌设计系统中塑造生动、鲜明的具有时代性的个性形象，才能获得较高的关注度和认可度。不是生搬硬套，更不是简单地将一幅中国传统山水画印在文具、书包上，或是给产品硬套一个奇怪的故事，这不是文创设计，只是简单地拼贴套用，不能称为文创。真正的文创是将文化和产品通过设计，有创意、有方法地融合，拥有自己的故事，只有这样文创产品才会引发关注，赢得市场。设计时需要对传统文化进行保护性的开发，哪些需要传承，哪些是可创新的部分，哪些适合市场载体，均是需要考虑的部分。

例如，南京创意手工皂将传统文化与现代肥皂相结合，用肥皂串起了南京城。这套文创产品名为"皂访南京"，利用雕刻工艺，在手工皂上刻画出精致的南京面貌。一共十组，每组手工皂拥有一段属于自己的南京故事，例如"一帆风顺""两泉其美"等。"一帆风顺"讲述郑和宝船的故事，"两泉其美"则赞美了汤山温泉。设计师运用传统文化，将肥皂作为载体，讲述了南京故事，让人眼前一亮，在兼顾了其艺术性的同时，实用价值也没有被削弱。

（二）文创产品形式的创新

科学技术的进步，使文创产品不再局限于普通样式，而是可以拥有更多的呈现形式。通过设计师的创意思维，运用当代新的科技手段，赋予它新的形态表现形式和新的功能，从而达到古为今用的效果。对不同物品的解构、重组，产生出多种多样的元素，而将这些元素再进行重组排列，实现具有文创产品多样的形式表达。从而获得一件或者多件具有特色的新的产品。

例如，杯子音响，运用现代科技，将杯子与音响相结合，通过手机蓝牙使杯子不再只有喝水的功能，还能听音乐，也打破了音响的造型禁锢，有了新的表达形式，给音响带来更多可能；并且随着杯子材质、大小的不同，音质也会发生变化。这是设计师的创意与现代科技的展现。

（三）用户需求的思考

文创产品应该建立"以用户为中心"的思想，设计师理解用户需求，运用巧妙的创意设计，更好地服务用户需求。用户人群的不同，所涉及的产品应该也有所区别，设计时应该深入了解用户的文化内涵、生活习惯以及对审美的需求，建立在用户真实需求的基础上，进行文化的创意思维发散，设计出实用美观的文创产品，这样的产品才是适宜的，才会被特定的用户人群接受，最终实现其商业价值。如今许多的文创产品一味地追求艺术性，而忽视了产品的使用功能，反之也同样，均没有从用户的角度考虑设计文创产品。因为文创产品区别于普通产品的一个重要方面，是对于文化的传承与创新。

例如，中国台湾地区的阿原肥皂，其没有华丽的包装，也没有与众不同的技术，却牢牢抓住了用户的心，依靠的是对用户需求的尊重。现代的浮躁社会，急功近利的企业产品太多，而消费者需求的是自然健康的产品。阿原肥皂为了保证原材料的纯正，开了农场，产品制作过程中也杜绝了工业水，保证产品健康纯天然，洗过的水也可以流进大山，不会对环境造成污染，形成良好的自然循环。这展现的是品牌对用户的关怀，对生长环境的关怀，以及对社会的关怀。阿原运用朴质的创意和美学，打造了文创产品，将用户的需求放在首位，最终赢得了消费者市场。

（四）互动式体验设计

互动式体验设计也是现代文创设计的一个发展趋势，运用设计的创意思维，增强消费者与文创产品的交互关系。让消费者真正融入产品中，更好地了解产品的性能，体会到文创产品的文化内涵。设计师通过创意的思考，让产品与消费者产生互动。在互动过程中无形加强了产品的文化属性，体现其文化价值，消费者不仅获得了视觉的冲击，在其知觉和触觉上有了进一步的感受，更容易产生文化共鸣，从而引发其购买欲。

例如，韩国设计的一款茶具，名为"阴晴圆缺"：这套茶具的特点在于陶瓷碗的茶杯设计，每个茶杯的底部都有一个缓坡形态的凸起，用户在将茶水倒入茶杯时，会因为注入液体量的不同，在杯底呈现不同的形态，营造了月满则亏的意境。用户在饮茶时可以感受到阴晴圆缺的变化，这样的设计看似简单，实则巧妙，设计师运用自己的创意思维，使用户与产品产生情感共鸣。

又如Snurk，一个荷兰的家居品牌：设计师将可爱、奇幻的图案印在了与孩子朝夕相处的床上用品上（如被子、床单）等，让孩子与这些产品产生互动。在被子上印上宇航员的图形，为孩子盖上被子，孩子便可以化身为可以翱翔于天际的宇航员，仿佛置身于童话世界。Snurk使人们与习以为常的被子产生互动式的联系，成了一个造梦者，给每个人带来触手可及的梦境。

第二节 创新思维方法

一、情景整合法

情景整合法文创产品的设计过程既是一个为文化寻找合适存在形式的过程，也是一个有效传承文化的过程。情境整合是文创产品设计过程的全新设计理念，其更加符合文创产品的特殊性，也更加能够体现"以用户为中心"的设计原则。通过情境的分解与整合，情境整合设计理念可以更准确地把握文创产品在用户心中的定位，让用户在使用产品时更好地去感受和接受文化，从而实现文化的交流与传承。

（一）文创产品的情境

1. 文创产品的情境空间

文化创意产品的情境主要包括三种：一是产品本身；二是消费者；三是环境，确切地说是产品系统与外部环境所发生的交互关系。产品本身大致分为两方面：一是产品的硬件载体，即产品最为本质的物质基础；二是附加于产品之上的文化内涵。消费者在使用产品时会不自觉地体会由此而产生的情感共鸣和记忆联想。产品本身所具备的情境空间是被动的，需要消费者去感受和体会，不过其确实无法否认，更不能被忽视。

消费者情境空间包括当下人们的生活方式、消费理念、思维习惯、价值取向、文化认同等，这些内容都产生于人，同时也深深作用于人。每个人都要受到其所生活的现实空间影响。这类情境空间是主动的，表达着不同的人心中不同的精神追求。

环境即消费者在使用产品时所处的环境，也指消费者与文创产品之间的交互关系。相对而言，这类情境空间难以把握。因为这类情境是动态的，是变化无常的。很多消费者在使用同一产品时，会表现出截然不同的情感体验。但这类情境空间也是决定文创产品成败的关键，只有真正激起消费者情感体验，让消费者的精神世界与产品情境产生交互关系的文化创意设计才算是成功的。这类情境空间虽然难以把握，但并不意味着无法把握。人对于某种文化元素所产生的反应往往是有规律的，既会受其所处的现实环境的影响，也会受产品本身的影响，作为设计者，应当在设计过程中注重将几种情境进行合理整合，以便让文化创意设计的效果达到最佳。

2. 文创产品的情境分解

分解是组合的前提，只有对组合在一起的不同情境分别进行认知，才能使不同的情境进行最佳组合。文化创意产品区别于一般产品，其情境复杂性较高，设计者在设计时既要考虑实际产品的情境，也要考虑附加于产品之上的文化创意的情境，还要考虑到产品与消费者的交互关系。如此复杂的情况下，设计者首先按照不同类别对情境进行划分极为重要，在合理区分不同情境类别的基础上进行重新建构，将产品置于不同的情境进行结果评估。综合考量产品在不同情境下的评估结果，继而将产品按情境进行组合，定位目标消费群体，让文化创意产品的用户体验达到最佳状态。

（二）文创产品设计过程中情感整合理念的应用原理

1. 设计的可整合性

整合的目的在于创造，要将原本不同的两个或两个以上的个体以某种方式结合成一个新的有机整体。这个整体既有可能保留原本每个独立个体所拥有的特征和属性，也有可能在此基础上形成全新的功能和属性。前者只需要机械化地组合便可实现，而后者则往往需要更为深入地应用整合理论，以使原本不同个体之间产生一定的"化学反应"。情境组合理念是基于设计的可整合性而存在的，设计者进行不同情境的组合，首先，要考虑不同情境之间是否具有可整合性，即是否具有可联结性。其次，从整合结果的角度考虑，整体是否具有边界性、功能突显性。最后，根据实际情况考虑情境组合过程中的界面选择性。对于文化创意设计而言，设计者要考虑实际产品的使用功能与附加于其上的文化创意之间是否有联系，并且这种联系能否被消费者认可和接受。组合之后的产品要在空间上具有边界，产品功能可以满足消费者的使用需求，且文化创意能够满足消费者的精神需求，两者的结合可以让消费者产生强烈的心理认同和情感共鸣。

2. 空间整合理论

此处所谓的空间并不是物理学或数学范畴的空间，而是一种人与人在思想和理念交流过程中，彼此可以形成交集，用于储存临时思维成果的区域。人们在看到某种事物或者听到某种理念时必然会形成一定的思维反应，即会形成一定的思维成果，而这一思维成果并不一定会立即嵌入人的既有思维和价值体系中，而是会单独存放于一定的思维区域，也就是所谓的空间。消费者接触文化创意产品时必然会对其产生一定的思维反应，而由于文化创意产品有一定的文化内涵，这些文化内涵会引起消费者既有文化认知系统中的一定回应。在消费者的思维空间中，文化创意与消费者的内心世界所产生的回应会形成一种组合，消费者会不由自主地将这种组合进行完善，以便被自己的思维和认知体系接受。这一过程进行得越充分，消费者对于文化创意产品的接受和认可度就越高，购买的欲望也会越强烈。在进行一定完善之后，消费者会由于文化创意产品的刺激，产生一定的文化体验和精神享受。

（三）文创产品设计过程中情感整合理念的应用

1. 情境信息调研与抽取

情境整合需要建立在情境交流的基础上，作为设计师，首先要充分了解产品的文化情境和消费者的现代生活情境，通过调研的方式定位目标群体和其文化需求。然后以产品为核心进行相关情境要素的抽取，为产品最终方案的敲定提供重要参考依据。设计师通过调研抽取出来的情境要素是构成新情境（文化创意产品的情境）的基础，根据空间组合理论将这些要素重新排列组合，也可以在此过程中融入新的要素，可以让新的情境呈现更加完美的要素。

设计师将抽取出来的要素置于单独的心理空间，这一心理空间正是设计者发挥想象、创造新情境的自由空间。在这一空间中设计者充分去体验这些情境要素，感受它们对于自己记忆、认知、情感的刺激，尽可能将每一次碰撞所产生的灵感火花都记录下来，作为创意方案的备选。

2. 诞生文化创意

文化创意是文化创意产品的生命线，创意是否新颖，能否抓住消费者的心，可以说是衡量文化创意产品成功与否的关键。设计者通过在心理空间对于情境要素进行组合、拓展与升华，得出最佳的创意方案，并对这个最佳创意方案不断进行论证和完善，从而形成最终的文化创意。这一过程往往会用到形象思维、联想思维，以及转换思维等。形象思维可以给予文化创意艺术性的表达；转换思维可以给予文化创意新的产品定位；联想思维可以进一步拓展文化创意的边界，让设计者的创意思维变得更加开阔，也让文化创意的深度和感染力得到提高。

3. 建构情境整合空间

所谓的情境整合空间就是模拟文化创意产品被设计出来之后在使用过程中的样子。这一过程需要设计者大胆假设，然后根据空间整合理论和设计可整合性原则对建构的整合空间进行论证。在建构情境整合空间之前，设计者已经完成了情境分解、情境要素抽取等，在建构情境整合空间的过程中，设计者要再次进行情境组合的遐想，这一过程较创意诞生的过程更具现实性。设计者要充分运用换位思考的方式，将现实生活场景中的消费者代入思维过程，从用户体验的角度反向审视情境整合的结果。

在建构情境整合空间时，设计者通常会使用X型整合原则，即使不同情境进行交叉组合。设计者会根据所抽取的情境要素形成许多模拟选项，如用户的文化底蕴、社会的主流审美状况、产品的使用功能、产品的使用空间等，然后将这些模拟选项进行组合，通过功能约束以及审美性约束等反向否定过程来逐步完善文化创意结果，将最优化的整合结果呈现出来。文化创意是否能与消费者产生共鸣，让消费者产生文化认同，在很大程度上也取决于社会环境的变化。虽然设计者可以通过自己的努力，在情境整合空间中产生其认为最佳的创意成果，但无法百分百保证其创意结果会被消费者所接受。不过每一次的设计尝试都是设计者经验的积累和对于文化创意过程的把握，一个优秀的设计者往往是通过积累失败经验而成长起来的。当设计者积累了足够的经验，并且可以充分理解并合理运用情境整合理念时，其设计成果才会成为消费者心目中最能解决其现实生活情境痛点的文化创意作品。

二、逆向思维法

逆向思维另辟蹊径，通过思维翻转、角度转换、缺点逆向发现平凡中的不平凡，大胆突破常规，探索了博物馆文创产品设计的新路径，使博物馆文创产品以焕然一新的姿态进入大众视野。博物馆文创产品商店作为博物馆"最后一个展厅"，如何激发文创产品的活力，博得大众的关注与喜爱，值得设计师深入探讨与实践。

（一）逆向思维概述

1. 逆向思维的定义

逆向思维相对于正向思维，是一种对习以为常的事物进行反向思考，进而寻找解决方案的思维方式。人们通常习惯以正向思维来解决问题，以现存需求为导向，利用普遍而常规的方式进行方案构想。事实上，任何事物内部都同时存在着矛盾对立的两个方面，即双重性。逆向思维正是抓住了矛盾的对立面，跳出常理的框架，"反其道而行之"，从而得到意想不到的有效结果。与众不同的逆向思维拓展了创新思维的空间，为设计提供了新的可能。

2. 逆向思维的特点

逆向思维具有以下三个特点。

（1）普遍性

逆向思维基于普遍适用的对立统一原则，因而在不同的领域和事物上，逆向思维都具有适用性，只是常常被人们所忽略。

（2）批判性

相对于正向思维而言，逆向思维更强调对惯性思维的质疑与挑战，不落窠臼，寻找新的突破。

（3）新颖性

正向思维探索出的规律虽然正确，但久而久之容易让人陷入思维定式，逆向思维弥补了正向思维的不足，往往能创造出其不意的新颖。

（二）逆向思维对博物馆文创产品设计的意义

1. 转变固有模式，突破思维局限

现存的博物馆文创产品重复率较高，虽不乏创新有趣的产品，但大部分不是品类一致就是设计模式趋同，大众对简单重复的文物衍生品渐渐产生了审美疲劳，如果不改变思维模式，仍然不断复制现有的设计思路，不仅设计方式会更加局限，还会使文创产品失去对大众的吸引力，导致其购买欲降低。因此转变固有思维模式，既能提高经济效益，又能达到博物馆文化传播与知识普及的目的。

2. 摆脱惯性思维，助推文化传播

文创产品需要拥有巧妙的创意，才能诱发消费者的消费兴趣。逆向思维是一种行之有效的创新思维方式，它帮助设计师摆脱惯性思维，找到设计创新的立意，从而摆脱视觉的千篇一律，赋予产品鲜明的个性，带给消费者耳目一新的惊喜。由此达到助推博物馆文化广泛传播的目的，同时也带来经济效益。

（三）逆向思维在博物馆文创产品设计中的应用法则

绝对的规律和一成不变的价值标准，在创造的领域中是不存在的。逆向思维使设计师不再追寻博物馆文创产品设计所谓的标准，而是去发现平常被忽略的某些文物特质，去探索设计表现的多样性，去挖掘博物馆文化内涵转换为文创产品的更多可能性。

1. 思维反转，出人意表

反转型逆向思维是指站在已知事物的对立面，进行反向思考，从而形成创意构想的方法。这种对常规现象的反向探索往往能打破人们的思维枷锁，与人们的固有认知形成反差，从而达到出人意料的效果。博物馆文创产品的早期设计，多采用等比例复制典藏文物的设计模式，目的是完整呈现文物形象。经过一段时间的发展，博物馆开始尝试将文物与生活用品相结合，更加注重其功能性。但在文创产品的造型设计上，仍旧尽可能真实地复原展品，从而保证博物馆文化传播的准确性。这种完整呈现文物形象的初衷无可厚非，但采取这种原封不动地照搬式

设计方法，会让文创产品失去活力。运用反转型逆向思维，我们尝试在设计上不完整地呈现文物。一种方式是直接简化文物的造型语言。以重庆中国三峡博物馆的馆藏文物虎钮錞于为原型设计的厨房计时器，通过对虎钮錞于造型的倾斜和截取，表现文物刚出土时的意象，既保留了最具特色的虎钮部分，又将其带入藏品发掘的原始情境中，给大众以自主探索答案的引导。

另一种方式是隐藏文物的部分造型。以重庆中国三峡博物馆的馆藏文物鸟形尊为原型设计的摆件，以沙代土，将文物隐藏其中，从而诱导消费者互动，通过摇晃摆件，既能体会发掘文物的惊喜，又不影响文物的完整性。此外，通过聚沙成塔的方式，由点到面地再现博物馆文化信息，是一种对文物完整性的逆向思考。再如，《故宫日历》作为一款畅销的文创产品，其设计理念值得关注。它将文物知识融入人们的日常，使消费者潜移默化地进入故宫文化的语境，这种循序渐进的方式，不仅能加深消费者对文物的认知，更能培养消费者求知的兴趣。

在设计过程中运用逆向思维，把握好设计的度，往往能出人意表。追求不完整，不仅不会影响文物信息的传播，反而能强化观者的自主意识，从而主动探求文物风貌与其背后的文化价值。

2. 角度转换，另辟蹊径

转换型逆向思维是指当无法通过常规方法解决矛盾时，可以转换思考的角度，找到其他手段来解决问题。当某种思路陷入困境时，及时调整分析问题的角度，往往能帮助我们发现隐藏在常规中的创意，从而有效地化解困境。

首先，转换气质。博物馆基于其收藏、保护和展示文物的职能，在展陈中，往往中规中矩，将文物逐一进行排列展示，缺乏和观者的互动，一度呈现出千人一面的古板气质。博物馆如果长期以严肃的面孔示人，势必会渐渐拉远与大众的距离，随着日益现代化、科技化，当前的博物馆在建设方面也开始创新，形式表达也越来越追求多样化。在博物馆文创产品设计中，我们有必要追随时代的脚步，在设计上转换气质，给"正襟危坐"的博物馆，重新注入活泼的生机。避免文创产品成为阳春白雪，令消费者敬而远之。

曾出现在人们视野中的"萌萌哒"故宫系列文创产品，就是转换文创产品气质的一种尝试。故宫在人们的印象里一直是庄严肃穆的，文创产品的"萌"与其形成强烈的气质反差，这不仅给观者带来视觉意外，也赢得了一大批年轻的拥趸，这样气质转换的设计，以亲民的姿态传达博物馆文化，当然是消费者喜闻乐见的。

其次，作为承载博物馆文化的客体——博物馆文创产品，仅仅被动地等待消费者选择，往往缺乏代入感，并且很难在短时间内和文创产品建立起情感的关联。在这种情况下，运用逆向思维进行角色转换就显得至关重要。只有让大众从参观者转变为参与者，才能在瞬间由被动接受变为主动感受。例如，故宫博物院的"朝珠耳机"，中国台北故宫博物院的"朕知道了"胶带，都通过巧妙的主客置换，使大众迅速进入文化历史的语境，享受了一次"皇家待遇"。

无论是气质的转换还是角色的变化，都为拓宽文创产品的设计形式提供了新的参考。在大众对博物馆产生亲近感的同时，文创产品的创意提升有效促进了博物馆文化内涵传播，既形成良性循环，又带来经济效益。

3. 缺点逆向，化弊为利

缺点逆向思维是指抓住事物缺点背后的价值，化弊为利，从而解决问题的一种思维方法。遇到问题时，人们下意识的反应便是要发挥优势。而在优势并不明显的情况下，如果能够通过逆向思维将缺点变成亮点，就能达到出奇制胜的效果。

苏州博物馆发行的"文藤"种子——吴中才子文徵明手植紫藤的种子，就是一个很好的例子。作为"苏州三绝"之一的活文物——文徵明的手植紫藤依旧枝繁叶茂地生长在苏州博物馆中。以正向思维来考虑，一株植物，碍于季节时令的限制，它的文创空间十分狭窄，无法量产。设计者正是抓住了文藤种子限时限量这一缺点来做文章。用"物以稀为贵"为创意点，让大众感到新奇与珍惜。消费者手持种子，仿佛穿越时空，置身于文徵明流传百年的诗情画意中。事物的缺点不是绝对的，在进行文创产品设计时，如果能够运用逆向思维，将发现的缺点转化成某种特点，往往会产生意想不到的效果。

三、意象创意性方法

文创产品设计中的意象创意性方法要始终以文化元素为出发点，寻找具有共同指向性的意象，突出情感在审美活动中的主导地位。

（一）直接再现增加趣味

在文创产品设计中，因为将文化性的物质作为创意源泉，所以可以将物质文化的"象"直接输出为产品的"象"，这种直接性的"复制"，需要设计者对文化元素有敏锐的洞察力，在万千元素中将其挑选出来，要通过合理的创意，不使产品落于俗套。直接再现并不缺少创作主体的"意"，反而体现了主体深沉的文化情感，否则又怎会在众多文化元素、众多设计形式中选用这一种方法呢？直接再现是将文化载体的物质形态在另一个产品载体表达出来，增加产品趣味性和视觉冲击力，满足消费者对产品的情感诉求，使观者与产品中蕴含的文化产生共鸣，从而达到满意的文化传播效果。

無料牌便签条设计曾获得2018年靳埭强设计奖专业组铜奖。便签条是文创产品中最常运用的设计载体，设计师廖波峰打破常规的便签条设计思路，参照真实人民币的尺寸、版式和色彩，按照成捆钱币形态，在视觉上给予观者真实钱币的感受，以一种轻松诙谐的形式呈现，旨在让消费者使用此便签条时产生无限的动力，从而满足消费者对金钱的渴望的情感诉求，增加视觉冲击力。

卢迪设计的卷笔刀就像有一只手，在捕捉和收集刨花，可以很容易地让你把它们扔掉，而且用户可以一整天都不用去倒垃圾。此文创产品将直接再现的创意方式与产品功能相结合，增加了产品趣味性，以创意打动消费者，为生活增添色彩。

尼斯湖水怪汤勺文创产品设计是以尼斯湖灵异事件为意象出发点，尼斯湖水怪其实是一个地球未解之谜，吸引了众多科学家对其进行研究，从网络上流传的照片来看，水怪有着长长的脖子，到底是什么生物至今未有结论。设计者抓住这一"不明生物"与它的生活环境的特点，以主观的设计创造水怪的形态并以汤勺这一产品为载体，使用时再现了尼斯湖水怪浮出水面的情景。此设计是将生活中的现象直接表达成文创产品设计中的"象"，既增加了产品的趣味性，也使人们在对文化的情感上有了依托。

（二）间接创造提升内涵

文创产品设计中的意象创作方法除直接再现的表现方式外，还可以根据文化特点进行间接创造，通过元素提取、融合嫁接等手法进行创意表现，间接创造的方法一定程度上降低了以文化为载体的设计对象的辨识度，以视觉语言和形式法则进行创意表达，进一步增加神秘感和视觉美感，从而提升产品内涵。

1. 元素提取

从文化素材中提取设计元素，提取的元素既可以是文化素材可视的外形、色彩、线条、肌理等，也可以是文化素材不可忽视的概念、思想等，总之眼睛可以捕捉到的、心理可以体会到的都可以提取，当然不同的设计师切入点不同，所提取的元素也有所不同，这与个人的审美、情感、价值观以及对设计的认知有关。通过个人对元素的加工、变形或拓展，形成创造性形态或图形，与原来素材既有相同的感觉又有陌生的体验，突出新颖的视觉效果。

大英博物馆天猫旗舰店推出的潮"牌"系列透明单肩包文创产品。从文创产品的图形与文化素材对比来看，梅花国王与红心皇后的图案是设计者对素材进行变形加工后形成的，人物外形的线条简洁流畅，现代设计感强烈。设计者简化并放大了原来的图形，突出人物神态，使视觉形式平面化，单肩包上构图丰满、线条流畅、视觉效果强烈，极具体验感和时尚感。

雨花石橡皮擦文创产品设计灵感来源于雨花石纹理，及其在时间长河中的形成过程。雨花石产自江苏扬子江畔，还有着美丽的传说，从形成的角度来说，石头都要经历雨水的冲刷以及时光的打磨，才会拥有一身华丽的外表，而此款文创产品的设计正是考虑到了时间的流逝对石头产生的作用以及橡皮擦的使用功能，在使用过程中，隐藏在里面的花纹和色彩会慢慢显现，在使用到一定程度时，橡皮擦褪去棱角，就更像一块美丽而珍贵的雨花石了。通过对雨花石肌理以及形成过程的提取，使消费者在使用过程中更加真切地感受到雨花石的美丽来之不易，人们会带着好奇的心去使用它，也会在使用的过程中获得愉悦感。因此，产品的使用功能、展示方式都可以成为设计的舞台，使之成为情感的载体，变得更加有温度，更贴近大众生活。

2. 融合嫁接

嫁接是人工繁殖植物的方法之一，就是把一种植物的根或茎切个小口然后把另一种植物的枝芽放进去并捆绑，一段时间后会长成完整的植株。在文创产品设计中，也可以找到一个文化素材与产品特质相似的"小口"，通过这个"小口"

建立连接，使两者"长成"一个新的、完整和谐的个体。这个个体是设计者思想与文化主体的统一，从而增加了文创产品的独特性，提升文创产品内涵和意趣，拓宽文化传播渠道，使传统文化深入人心。

启瓶器文创产品设计与动物牙齿融合，改变了传统的启瓶器形态，变得更有内涵。普通的启瓶器只是一个开启啤酒瓶的工具，而这件文创产品找到动物牙齿与启瓶器功能相融合的创意点，张开嘴巴的动物形象露出开心的笑，同时还是一个打开啤酒瓶的工具，其功能并不受到影响。张大嘴巴的动物似乎在说：愿意为您效劳。曾经冷冰冰的钢铁材质启瓶器穿上了外衣后，成为一个有"生命"的文创产品，这在于设计者找到了那个恰当的"小口"，将文化素材与产品功能特质相结合，成为一个新的有趣味的文创产品，创意新颖，使人眼前一亮。

此外，设计师热衷于在动物身上"开刀"，将产品的使用功能与动物的某个部位进行融合，形成另类有趣的文创产品设计。如鲸鱼的形态与牙签盒融合，透明的嘴巴露出的牙签像是鲸鱼的牙齿；奔跑的鸵鸟与回形针收纳融合，吸附在鸵鸟身上的回形针像是鸵鸟的羽毛。可以看出，融合嫁接的两者必须存在某种关联，毫无关联的两者生拉硬扯在一起也无法生出更多情趣，运用融合嫁接的手法最重要的是有一双慧眼发现二者之间巧妙的关系，从而赋予文创产品新的内涵，获得使用者的芳心。

设计师Eneida Tavares将安哥拉草编技术与陶瓷相结合的文创产品设计，用针线直接将两者缝制到一起，形成两种手工艺之间"跨文化对话"的审美意象。编织与陶瓷在质感、色彩、材质上都有极大的不同，二者的融合使观者在视觉上既陌生又熟悉，二者之间的冲突感成为观众视觉上的抓手，两种文化的碰撞在观众心中激起浪花，嫁接位置的不同也造就了文创产品的千姿百态，从而形成独特的设计美感。这种融合嫁接的方法使两种文化建立连接，含蓄的对话留给观众遐想空间，提升了文创产品的格调和内在韵味。

用间接创造的手法进行文创产品设计的意象表达，一方面体现了原创性，赋予产品深刻的情感与内涵；另一方面考验了设计者创新思维的设计能力。运用间接创造手法可以拓宽设计思路，使设计者从固定思维中走出来，发散思维找到恰当的创意性表达。

第三节　设计项目实践——状元粽

一、状元文化的内涵

（一）状元文化概述

状元文化与科举文化相伴而生，可以追溯到隋朝大业三年（607年）科举制度的设立和推广，到清朝光绪三十一年（1905年），该制度历经1300余年，是封建社会体系中选拔人才最为客观、公正的一种方法，将读书、考试、入仕三者相结合，扩大了人才的选择范围，很好地促进了当时政治机构人才素质水平的提升，成为中华民族尊师重教的优良传统。古代科举考试的第一名称为"元"，状元则是殿试中第一甲第一名，因此又称"殿元"或"鼎元"，在当时的社会中享有极高的荣耀。根据文献资料，自622年（唐高祖武德五年）孙伏伽考任科举状元，至1904年（清光绪三十年）刘春霖被选拔为状元，在1283年间，我国共产生过592名状元。吴枋在《宜斋野乘·状元词误》中生动地描绘了宋朝时期人们对状元文化的认知——"五百人中第一仙，等闲平步上青天"，古代学子对金榜题名、获得繁华与功名利禄的向往跃然纸上。

石焕霞在《知识精英与社会教化》一文中讲述了科举考试层层选拔的规则，古代学子考取功名的是千万中挑一的概率。以清代科举考试为例，科举考试设有四个等级：童试、乡试、会试、殿试。在童试中得中者可以获得秀才的身份，秀才只是学子们的第一级功名，之后要参加各地省一级的考试，这一环节被称为乡试，得中者获得举人的身份。获得举人身份，即意味着有了踏上仕途的资格。在科举考试殿试中，统治者为了展现对科举和士人的关注和重视，会举行盛大且繁复的仪式，如传胪大典、恩荣宴等。马学强在《状元盛名与传统社会运行结构》一文中对"金殿传胪"进行了详尽的描述：皇帝会亲自奖赏状元，平民百姓为目睹状元郎的风采，万人涌动，有的人还爬上了屋顶，场面空前盛大。

科举制度已经终结，但每逢考试，总会有许多香客前往孔庙祈福，人们还怀有科举时代金榜题名成为状元的理想愿望。每年各省高考第一名者被称为高考状元，可见，状元文化在中国现今的社会环境中仍然有着广泛的影响。"状元文化"，是指在状元的培养、产生和交往过程中，社会大众和状元群体之间在互动交往中形成的价值观念、行为规范、人际关系、社会习俗、文学艺术和物化形态的总和。

（二）状元文化相关习俗

状元文化影响深远，古时考秀才、中状元的民间故事至今仍被口耳相传，如婚庆习俗、饮食习俗、游乐习俗、祈福习俗、社交习俗等都有与状元和读书相关的文化内涵。

1. 饮食习俗

在各种科举习俗中，饮食习俗中应用谐音来求福、求好运最为常见。明代冯梦龙在其著作《古今谭概·俗谶》中有对江南的科举饮食习俗的描述。在乡试的前夕，很多学子会去吃煮熟了的猪蹄，希望自己能够"熟题"，也就是在考试的时候遇到熟悉的题目或对所有题目都熟悉。如今，在教育大省苏州，仍然存在一种风俗习惯，如在书包中放置烤果寓意"考过"、葱寓意"聪明"、步步高寓意"步步高"等。除此之外，民间还有很多美食与状元文化相关，比如状元糕，寓意"高中"，小孩上学送定胜糕和粽子以祈"高中"。在中国台湾地区有状元茶，考生在大考前会喝上一杯"包种茶"，"包种"与"包中"谐音，祈求在考试中获得好运。

2. 游乐习俗

许多偏远的地方仍流传着要状元筹（亦称"状元签"）的习俗。状元筹是一种休闲游戏用具，材质有象牙、骨签和竹签等。全副状元筹一共有63根，长短、大小都不一样，而且每根筹条上刻有从状元到秀才的不同科名、注数以及各种图案，以科名高低定注数，以所掷骰子定得失。最小得1注为秀才，得2注为举人，得4注为进士（有的版本是8注），得8注为会魁（有的版本是16注），得16注为榜眼和探花（有的版本是32注），得32注为状元（有的版本是64注），共计192

注，最后签多签大者胜出。

状元筹游戏是明清两代流行的一种士人阶级的博弈类游戏，也是一种寓教于乐的手段。清初，状元筹这一习俗演变成中秋博状元会饼，以大小不同的"科名月饼"取代签条，状元筹的游戏规则被移用到会饼上，如今在厦门一带仍广为人知。据清代蒋毓英主修的《台湾府志》卷六《岁时》记载：中秋节这天，"是夜士子递为燕饮赏月，制大面饼一块，中以红朱涂一'元'字，用骰子掷以夺之，有秋闱夺元之想"。高拱干等修纂的《台湾府志》卷七《风土志》所记略同，并说这种饼名为"中秋饼"，"用骰子掷四红以夺之，取秋闱夺元之义"。这些游戏至今仍在福建、厦门等闽南方言地区流行。

3. 崇拜习俗

中国学子对文昌帝君的信仰由来已久，其中一个主要因素来自中国古代大力推广的科举制度，这是古代学子求取仕途的唯一通道。至今仍流传着"十年寒窗无人问，一举成名天下知"的熟语，学子们希望自己成为佼佼者，可以金榜题名，光宗耀祖。因科举制度而兴起了许多与考试相关的信仰和崇拜，如魁星崇拜、文昌信仰，还有"北孔子，南文昌"之说法。人们认为文昌帝君掌管文运与考试。

文昌信仰遍布各地，比如文昌庙、文昌祠、文昌塔、文昌阁等。参加各类考试的学子，都会到自己家乡的庙宇祭拜文昌帝君，祈求自己能顺利取得功名，故每到学测考季，各大庙宇的文昌帝君殿总是人潮涌动。除了文昌庙，关帝庙也是一个深受学子们欢迎的地方。由于手捧《春秋》一书，关帝也被称为"文衡圣帝"，有文武双全之意。

（三）状元文化相关熟语

与状元相关的熟语至今仍流传甚广，有成语、谚语、熟语、歇后语等，涵盖状元登科、状元典故、科举活动等各个方面。"一路连科""连中三元""状元及第"是寒窗苦读的穷苦百姓的殷切希望。科举考试，只有佼佼者才能胜出，故有"天上麒麟子，人间状元郎"之誉。唐代著名诗人孟郊曾创作一首《登科后》的诗，广为人知的一句是"春风得意马蹄疾，一日看尽长安花"，这描绘的便是状元及第的场景。诗句被人们耳传口颂，一时间"春风得意"便成了状元高中的象征。

熟语多以谐音的形式，表达对学子的祝福和寄语。以下为现代生活中人们常用的熟语。

1. 连中三元

在古代科举制度中，乡试、会试、殿试的第一名分别为解元、会元、状元，合称"三元"。科，有等级、程度的意思。科举制度把考取的等级和年份称为登科。"连中三元"中"三元"指的是三个桂圆，表示向上生长的状态。寓意官运亨通，步步高升。

2. 一路连科

是封建社会对于进京赶考学生的祝福，所指的是考生进京参加科举考试的情景。一路连科也是传统装饰纹样的一种，由一只鹭鸶和折枝莲花组成，使用了"路"与"鹭"、"连"与"莲"的谐音，表达对赶考学生的祝福，并有"一路平安"和"一路荣华"的寓意。

3. 状元及第

状元及第既是成语，也是一种中国传统的吉祥图案。状元及第图案中是一名戴冠童子，手里拿着如意，骑着飞翔的龙。冠指的是帽子，"冠"通"官"，寓意高中。童子戴着帽子，寓意家里的长辈希望孩子长大后能够顺利考取功名，加官晋爵，骑龙寓意飞黄腾达。

4. 鲤跃龙门

又称鲤鱼跃龙门、鱼跃龙门。在神话传说中，黄河鲤鱼如果跳过龙门，就会变化成龙腾云而去，比喻砥砺前行，敢于拼搏。科举制度推行后，即寓意通过考试"一跃龙梦，身价百倍"，事业成功，地位高升。

5. 五子登科

出自《宋史·窦仪传》，是中国民间广为流传的状元故事。据说五代后周时期，燕山府有个叫窦禹钧的人，他的五个儿子都品学兼优，先后登科及第，被称为"五子登科"。五子登科后来成为中国传统吉祥图案，寄托了一般人家的美好愿望。

6. 一举夺魁

举，是指科举考试。一举，也就是一次科举考试就顺利通过；魁就是首，指位居第一的人。在古代，北斗星中第一星就叫魁星，此星最明亮，人们称其为"北斗魁星"，因此常用斗和魁来指代第一名。

（四）状元文化的社会意义

虽然科举制度发展到后期也产生了一些不良的社会效应，但是其鼓励人们通过读书和努力，改变自身现状的精神应作为社会正能量一直被传承。传统状元文化中有大量的习俗、熟语和典故，含有鼓励百姓通过读书改变现状的积极精神。读书文化被推广至全国，士农工商皆可读书，通过科举高中都可获得社会的认可。状元文化给社会带来的正向影响巨大，直至今天。

1. 重教尊师、爱惜人才的传统

在宋代，即使比较穷的乡下也会设立私塾，"人人尊孔孟，家家诵诗书"。宋代儿童启蒙诗《神童诗》言"学乃身之宝，儒为席上珍"，意思是只要有学识才能、高中科举考试，不论家庭背景如何都可以得到统治者的赞赏，还可以得到人民的认可和尊重，享受民间敬拜的社会文化知识被赋予神圣的力量，才华卓越被赋予荣耀。

2. 勤学苦练、积极向上的求学精神

想要实现理想，就需"三更灯火五更鸡"、熬住"十年寒窗无人问"、做到"学问勤中得，萤窗万卷书"。"学问勤中得，萤窗万卷书"说的是获得高深的学问必须勤劳艰苦，后半段所描述的便是学子挑灯苦读的情景。"萤窗"是指古时候读书人通过囊萤照读，勤学苦练。这是莘莘学子都要经历的人生阶段，激励着每一代人。

3. 自强不息、力争上游的拼搏精神

投身社会、积极进取的人生态度也是状元文化所要传达的重要思想。所谓"三百六十行，行行出状元"，鼓励人们以积极的态度投身社会，将个人理想融入社会的大环境中，不畏艰难险阻、艰苦奋斗。状元是百里挑一、万里挑一的学

子精英，人们只要怀有精益求精的态度，在与他人的竞争中敢于拼搏，突破自我，磨砺本领，也能成为行业中的"状元"。

二、状元文化的设计实践

（一）设计定位

状元文化与现代高考联系紧密，高考时间与端午节相近，因此可以励志食品为载体展开设计实践。目标人群主要为在校学生，以及考生的亲朋好友。这一群体对励志食品设计在文化意涵传达方面有比较高的要求，根据研究结果，18～30岁消费者偏好趣味性的文创产品。

（二）元素提取与应用

文化元素分别为意境、纹饰/图案、色彩，元素应用参考表3-1。

表3-1　"状元粽"方案文化元素应用

直接使用的元素		间接使用的元素	
1	角色：状元形象	1	红色：象征登科的喜庆
2	形态：扇子形	2	文字：祝福考试顺利
3	图案：粽子	3	粽子插画：端午的氛围
4	图案：桂花	4	状元筹习俗：求签、求祝福的寓意
5	形态：状元筹		
6	颜色：状元红袍的红色		
7	文字：祝福语		

（三）方案设计

由于高考时间与端午节接近，本设计方案将状元文化与端午节礼品相结合，借"粽状元"谐音，传递"高中状元，考试顺利"的祝福，如图3-1所示。宣传语为：状元粽，中状元。

图3-1　"状元粽"方案设计效果图

　　方案设计包括商标、宣传语、礼盒包装等，以满足同学间互送考前礼物，以及亲朋好友给考生送祝福的需求。方案设计源于状元文化中的游乐习俗——"状元筹"，帮助考生缓解考前紧张情绪。并提供若干有文字或空白的签条，由赠送人随机粘贴在粽盒上，粘贴后将粽盒放到包装盒中，由考生抽取，完成祝福传达。

　　设计中直接应用扇子和状元筹的形态，与状元筹的游戏相结合，向学子们传递祝福，使其放松心情；此外，状元文化中常用花来代表荣誉和成功，有许多与花有关的文化内容，如"一日看尽长安花"，"花"既有"春花浪漫"的意境，也有金榜题名、"心花怒放"的含义；明代陶宗仪《说郭》引唐代李淖《秦中岁时记》云："进士'杏园'初宴，谓之探花宴"，杏花有"及第花"的文化内涵，及第游杏园也成了文人学子的理想；《大明会典》中记载，状元需簪花参加"恩荣宴"。本方案对花的形象进行了概括和简化，将其直接应用于包装盒以及标签，通过形态强化意象。

　　最后，应用了极具代表性的状元红色和代表端午节的绿色，强化了端午节和考前祝福的氛围。

第四章

文化创意产品的多维度开发设计理念

第一节　基于传统文化元素的文创产品设计

一、传统文化元素符号的应用原则

（一）区域民族性原则

少数民族地区的文化遗产是一个值得深入研究的问题。文化创意产品的发展可以使区域民族文化不再是少数民族的"私有财产"，让孤立落后的民族地区振兴，为农村或自己社区的老百姓的生活服务，走出自然社会生活的惯性，打破时间和空间的界限。作为"自主"使用功能的延伸，传统文化元素符号和文化创意产品结合民族文化融入"他用"，激发文化传播，消除了少数民族地区的"神秘"感，文化内部也出现了新的动力和融合。文化创意产业的发展对民族地区的文化遗产有着强大的推动作用，为自然环境的发展提供了新的机遇，"物质产品"已经不再孤立地存在于为小群体服务的环境中，表现为工业化和商业化。传统文化元素与文化创意产品的发展相结合的同时，相互加强。融入奇特的传统文化元素，符号成为文化创意的灵魂和核心，其独特的功能也符合现代文化创意的设计理念。

（二）认知性原则

"和谐共生"的思想体现了生命与自然的共性，共性渗透到文化创造产品中。传统文化的元素被选择、提取、重构和统一。就文化创意产品而言，这一过程的主要任务是认识到传统文化元素的符号本身及区分文化内涵。

这种认知联系也代表了功能和形式之间的平衡。二者之间的强弱关系，类似"蝴蝶效应"，影响着人们对文化创意产品的审美需求，也造成了目前存在各种审美观念的局面。

（三）审美及指示原则

1. 指示功能

文化元素的传统符号在文化创意产品的设计中起着重要的作用，因为它们在使用传统文化元素的过程中必然会传递一定的信息和符号。在一定程度上，传统文化元素的符号是对文化创意产品的补充。设计师在文化创意产品中运用传统元素，不仅传达元素的信息和寓意，而且通过"隐喻、象征"等艺术手法，加强了工艺品与工艺品之间的联系。元素符号可以传达道德，因为它们本身就是一个文化符号系统，具有表达、语言等功能。

2. 审美情感功能

英国学者克莱夫·贝尔（Clive Bell）在其《艺术》一文中指出"艺术品的本质是有意义的"。在文化创意产品设计中起作用的传统符号元素是一种"有意义"的设计方式，在一定程度上满足了受众的心理需求及情感需求。此外，传统符号元素中的审美感受和艺术美学在一定程度上是相同的，能影响人们的心情，让人们享受和感动。

二、传统文化元素符号在应用过程中所面临的问题

（一）"文"与"创"的不平衡

目前市场上出现的文化创意形式的多样性也表明了"文"和"创"的发展不

平衡。一些文化创意产品只有关于"文"的表达，载体也只在"文"的特点上做"文章"，不同类型的要素杂糅排列。这种表达方式虽然表面上没有瑕疵，但在细小的工艺品下，文化创意的作品太多，而"文"与"创"均衡的产品很少，仅表达"创"的产品比比皆是。

（二）"形"与"意"的不均等

传统元素符号在应用过程中吸收其"形"，通过产品外观表达其"意"。只关注"形"而忽略"意"的抽象概念是不明智的。而仅仅具有象征意义的文化创意产品也没有立足之地。现在一些流行的产品迎合大众口味，相当一部分人只是理解产品的意思，放弃了对传统元素的表达。在从某种传统元素中提取元素时，必须考虑到它的"历史"，如文化禁忌、文化组合等。

三、解决的方式

现代社会环境为传统文化元素与文化创意产业相结合创造了有利条件，为传统文化元素在文化创意产品设计中找到新路径，从而为复兴优秀传统文化开辟了新的路径。

（一）产品符号的再造

我国有着丰富的民族历史，伴随着民族历史而生的，是丰富的民族文化，在文化创造的过程中为我们提供"完整的基础"。文化符号的传统元素用于现代产品的设计中，需要经历一个再创造的过程，这种艺术再创造的方法分为两个方面：一方面是精神维度，强调通过改变心情来影响人的精神面貌和心灵；另一方面是物质维度，它直接重建了传统本身的一些结构，创造了一个新的对象。这种再生产方式，在赋予产品"生命力"和保留传统文化元素的同时也进行了创新，增强了产品的综合实力和特色。

（二）材质的选用

此外，材料的选择也很重要。在现代设计中，尽管有新技术的参与，但用新技术为替代传统技术发展文化创意产品的方法可能会使传统优势化为乌有，并使人对传统文化符号的指向性产生怀疑。但新材料也为传统技术的创新提供了很多机会。工业大生产的出现并没有让传统技术没落，而是刺激其发展，在某种程度上可能带来质的变化，引发思考。对我们来说，这一变化可以定义为传统与现代的融合，传统与现代是相互联系的，通过将旧的"枯燥乏味"转变为"活泼生动"，发挥了新的作用。

（三）"一物一心"即匠心

工匠精神渗透到生活和生产及设计的每一个环节，形成独特的文化和精神内容。在文化创意产品设计中，大师的精神在于对文化创意产品的外观、设计和对文化创意产品传统元素的探索。每一个时代都有其独特的追求，但"精致、微妙"的理念不变。

真正的大师精神是谨慎谈论创新的，对传统的认知越深入，对创新的理解和研究就越透彻。每个时代都有不同程度的"创新"风格。"创新"必须立足于传统和现实的需要，模仿古老的传统，这些传统现在是传统文化的属性，本身就是一个变革的过程，吸收传统需要辩证的观点，而不是一味融合传统元素。作为现代性的继承者，我们必须辩证地看待传统元素的符号，抽取其本质，丢弃不必要的东西。在设计文化创意产品时，可以正确对待传统，尊重传统，而不是简单地列举和扭曲传统文化的元素。

第二节　基于多感官体验的文创产品设计

一、视觉感官设计应用

相关研究表明，在五种感观中，37%是视觉性的。因此，文化创意的好产品首先应该从消费者的视觉形象中捕捉，让人们更深入地了解它、感受它。而视觉包含两个主要内容：颜色和造型。

（一）视觉色彩的应用

色彩作为一种强大的沉默力量，能在不知不觉中影响人们的心理，各种色彩结合，传达出不同的思想情感。在日本文化创意品牌熊本熊等文化创意产品中，形象生动的色彩诠释对于消费购买激情具有重要作用。为了突出地区的特点，建筑师在熊身上使用了该地区的主要颜色，它不仅代表了该地区的火山地理文化，也是当地独特的红色食物的象征。大面积的黑色身体，突出脸颊的红润，增加了熊的朴素和憨厚感，深受人们喜爱。

（二）视觉造型的应用

造型是文化创意产品设计的主要内容之一，它有着精确的外形、生动的线条、强烈的视觉效果和舒适的形式。以2008年奥运会的福娃为例，每个吉祥物都以象征性的装饰作为头饰，在和谐的统一中，也不失特色，五个福娃的造型和呈现达到视觉上的统一，满足观众对吉祥物的各种需求。因此，在设计文化创意产品时，应遵守一定的规则，使受众将不同形式的产品视为一个整体。不同的组成部分必须符合受众的期望，并对形成过程中产生的思想提供全面和结构化的解释。

二、听觉感官设计应用

视觉在消费者购买商品时占主导地位，听觉也同样重要，占41%。换言之，在色彩之外，人们会注意到美妙或响亮的声音。但目前国内包装市场仍以视觉设计为主。因此，如何充分利用听觉感官特性，增加感官刺激使产品更有吸引力，是文化创意产品开发中值得思考的重要课题。

（一）听觉包装

听觉包装可以是产品背景语音的补充，可以是简短的广告词，也可以使用特殊的音效，它们的作用通常是加深对产品的认识和印象。这些包装方式存在于儿童玩具和一些电子产品中：孩子热衷于新事物，在儿童电子玩具上会看到各种各样的按钮，点击后会听到有趣的旋律。

此外，听觉包装既可以根据产品自身结构设计，也可以使用特殊材料使其具有独特的声音效果，从而产生独特的听力识别元素。例如，在拧开可乐瓶时，碳酸饮料的特殊性使瓶子发出的声音成为听觉的一个独特元素；使用特殊纸张的书籍，在翻页时会发出更大的声音，从而引起读者的注意。

（二）视觉与听觉相结合

如果成型包装产品已经达到良好的视觉效果，通过对材料和结构的进一步细化，使用时就会发出高品质舒适的声音，给用户不同的感觉。有一个名为"红山实验2.0"的展品，将地球的脉动形态投射到展馆的中央球体上，结合声波的变化，让参观者原地踏步，感受整个脉动过程。与纯视觉传达相比，沉浸式体验提供了更多的乐趣，也适用于产品设计和包装，是一种更符合消费者需求的设计。

三、触觉感官设计应用

在五种感官中，触觉所占的比例相对较小，部分原因是产品需要与身体接触，但仍然是经验运用的重要内容。

（一）触觉包装

触觉包装涉及材料质量、质地、纹理、软硬度和整体造型，所有的物品都有特定的成分，而不同的材料和形状给人的感觉完全不同。随着科技的发展，包装不再局限于传统的工业材料，许多新材料也被用于产品包装。举例来说，如今市场上很多家电的外壳开始尝试使用布艺、木质材料，增强了外观的多样性，也为用户提供了更多的选择。

（二）视觉与触觉相结合

不同的材料属性和产品包装可以改变。例如，瓶子外观或磨砂或光滑，首先给人不同的视觉感受，接触它们会刺激触觉，两者结合在一起，增强用户对产品的印象。再比如，织物、木纹给人更柔软、更温暖的视觉感受，触摸时没有金属的冷硬感。因此，在设计过程中可以同时考虑感官体验的这两个特点，让使用更加多样化。

四、嗅觉感官设计应用

气味是一种记忆形式，比视觉图像、记忆更持久。气味不仅能够创造一种氛围，还能够再现氛围，以唤起用户对过去具体情况的快速回忆，引发情感共鸣。利用嗅觉可以在气味与品牌和文化之间建立联系，从而使文化创意产品为用户带来更深层次的体验。

（一）现有的嗅觉运用方式

作为一种与嗅觉直接相关的文化创意形式，可以称之为"芳香"产品，如"液体"和"固体"芳香，它们本身就是文化创意的主题。另一类是产品，它们本身没有气味，但可以将气味添加进来。例如，在古风类文化创意产品中，加入木材香气，让使用者对这种气味和古风的意味产生深刻的关联感。日本的MUJIBOOKS书店也像其他商店一样，致力于传播"生命美学"的概念。在书店里，香氛机一直在"工作"，让进店用户始终被天然香精包围，从而产生购买意愿。

（二）嗅觉在文化创意产品中的应用前景

日本开发了一种能够固定和复制各种口味的工具，以重现玫瑰的香味、香蕉的甜味，甚至刺鼻的气味。这使嗅觉元素可以广泛应用于文化创意产品中。通过对气味的控制、制造，结合App和芳香材料，人们相信，在5~10年内，气味记忆会像摄影记忆一样保持，各种特定的气味可以在朋友之间传递，分享给更多的人，成为独特的保存记忆的方式。利用嗅觉技术将增加文化传播和城市体验交流的机会。

五、味觉感官设计应用

味觉主要表现在食品文化创意产品上，在一些食品包装设计上，视觉内饰或是反映食品风味的特殊材料已经是一种成熟的多感官应用方式。

软食品包装能让人想到软的味道，而棱角分明的包装则适合刺激性的味道；

低饱和度的颜色适合浅色、芳香的味道。这种视觉和味觉上的对应关系可以应用到文化创意产品的营销中，因为大多数人认为图形比文字更直观，用视觉图像包装来表达文化创意产品的感觉，会比文字描述更能吸引和打动消费者。

此外，味觉记忆可以在用餐和周围的物理环境之间提供相对稳定的联系，在设计文化创意产品时也能考虑味觉，允许将个人生活记忆融入集体记忆（城市文化、印象、价值观），提升消费者的体验感。

城市文化创意产品主要是为了传递城市文化，强化用户的记忆和情感体验，而多感官文化创意产品的核心竞争力在于"感觉"。充分调动"五感"产品，使用户也能进行更多的身体互动和情感交流，比单一产品更具趣味性和人文性，是市场的大趋势。

第三节　基于色彩文化的文创产品设计

色彩是人类探索和认识世界的窗口，是绘画、设计和美学的重要因素之一。早在仰韶文化时期，我们的祖先就开始用植物和矿物染色来记录生活。人类文明史表明，任何心理模式都源于文化根源。生活中一些色彩现象折射出丰富的文化，形成独特的色彩文化体系。中华文明源远流长，传统色彩文化熠熠生辉，珍贵的色彩文化资源对现代文化创意产品的开发具有重要的现实意义。

一、融入中国传统文化思想的色彩观

人类对色彩的感知是多维的，主要通过视觉系统、文字色彩的意义及一些物理现象来理解和利用色彩。我国色彩文化由来已久，从古代祖先的单色崇拜到矿物、植物等的运用，虞舜时期形成五色体系，中国民间美学在悠久的民族文化中不断发展。在我国，古代人对色彩有灵性的运用，而西方是对光谱和色谱进行理性分析。我国对色彩的认识是基于感觉系统的，是一种文化诠释。在我国的传统文化中，"颜色"和"物品""方位""动物""季节"等词直接指代产生某种颜色，有时甚至可以取代图像文化的概念。这是中国传统色彩的语言表达。中国人对色彩具有审美的灵性，不仅是空间、时间等因素的结合，更是对情感、时空和物质联系的追求。

传统色彩思维观带有浓厚的封建特色，李广元在《东方色彩研究》一书中指出，自社会建立，色彩就失去了原始的情结，开始朝着精神领域的方向发展。随着色彩意识的增强，人类自觉形态的意识逐渐替代色彩本能成为意识的一种沉积。于是，中国古代人的色彩意识逐渐从自发的色彩符号转变为精神层面的意识色彩符号。

儒家思想是中国古代的一种基本思想，是我国传统文化的精髓，在中国传统色彩的审美思想中，在艺术美学中表现出兼容并蓄的特点。从孔子的儒家思想在汉武帝统治时期的独白开始，便对我国子孙后代产生了重要影响。儒家文化已经具有人文主义的性质，十分重视中国传统色彩文化观。寻找精神符号的色彩，结合传统的五色与"仁、礼、德、善"思想，其理论常被借喻。例如，孔子说："恶紫之夺朱也，恶郑声之乱雅乐也。""郑声"是民间俗乐，"雅乐"是王朝的正统声乐；"朱"是正色，"紫"是间色，"郑声之乱雅乐"与"紫之夺朱"没有区别。孔子利用正色与间色比较了社会上违反"礼节"秩序的行为。儒家对色彩的看法极大地影响了古代五色的观感，主要是为了保持周天子时期确立的制度，强调"礼节"的规范。

传统的服饰文化表明，各个朝代都有自己的喜好。例如，秦始皇时尚黑；汉高祖喜赤；隋朝时，官员大都衣紫着白；在唐代，黄色是皇室的颜色，平民百姓不得用赤黄做衣；宋朝崇紫；而在清朝，黄色是高贵的。这些喜好大多来自统治者对颜色的偏好。色彩在君民间的运用反映了古代对"伦理"的主张。儒家审美思想的另一种体现，是用美德暗示颜色，即"比德"。我国古典戏曲文化善于用颜色简单、夸张、清晰地展现一个人的面貌。不同颜色象征着不同的性格和品质：红色象征忠诚，黄色象征勇敢，白色象征阴险，黑色象征不屈不挠，戏曲色彩在塑造"典型人物形象"方面发挥了很好的作用。这种儒家经典的审美内涵概括了传统色彩，具有伦理道德的本质，在现代社会生活中仍具有"德性、德行"的社会化功能。

二、色彩文化在文化创意产品中的应用

目前，文化创意产品是文化创意的重要工具和表达方式，也是地区文化产业发展的中心力量。目前，国内文化创意产品的发展重在实践，缺乏相应的理论支持，导致文化创意产品开发过程中出现形式多样性过强、研究不认真、实用性不强等现象。文化创意产品中缺乏文化内容是问题产生的主要原因之一。2019年，中国传统色彩学术年会在北京举行，来自中国和日本的30多名色彩专家和爱好者，围绕不同的主题，包括色彩感知、色彩历史、色彩应用和颜料制作等问题进行了讨论，使中国传统色彩的研究上升到了一个新的水平，在弘扬中国传统色彩和中国传统文化的同时，为国家现代文化创意产业的设计提供了理论支持。现代文学创意色彩研究应着眼于色彩的传统转换，注重隐喻的色彩设计和功能性，以更好地体现文化创意产品的独特性和文化性。

（一）注重传统色彩文化的现代转化

传统色彩在现代文化创意产品中的应用不应是盲目地"侵占"，而应是科学的选择以及向现代的有效转化，以更好地满足当前消费者的需求。目前，文化创意产品主要有三类：一是文化古迹重构高仿，这类产品需要技术和工艺支持，创意薄弱；二是包括利用现代数字媒体技术开发的文化创意产品；三是衍生品，即将原有的重组图形元素打造成具有产品特色的新视觉形象，如以青花瓷为图案的餐具、以古装服饰为参考的挂饰等。这些方法旨在寻找传统文化与现代生活的契合点，从中汲取经验，并与传统和现代相呼应。

首先，要充分考虑传统色彩的特殊性，根据产品特点选择。近年来，国家博物馆的文化创意产品呈现出多元化趋势，如台北故宫博物院，从形态学和精神的角度对文化符号进行归纳，与时代接轨，创造出一种奇特的文化创意风格。

其次，在色彩形成的过程中，需要重视色彩的重组，例如，在产品比例和面积上改变传统色彩，在视觉上形成一种全新的色彩，就像台北故宫博物院的文化创意产品"双连油醋瓶"，它仿制的是乾隆时期的一只粉彩双连瓶。设计师在原色方案中获得颜色灵感，简化颜色，只使用了蓝色和白色。保留瓶子的原始形状，使创意产品既有传统的美感，又不失现代生活的气息，原本是皇帝的赏玩器具，被设计成现代餐桌上的调料瓶。如果设计师单纯地复制它们，那么得到的产品可能有些过时。相反，交织着传统的色彩，同一图案蓝白相间，两个瓶子巧妙搭配，展现出独特的东方美，既彰显了历史文化，又有当代的生活情趣。

最后，要充分考虑传统色彩属性与产品的关系，必要时可适当调整色彩属性。中国传统的色彩也被用在沉重的精神渲染上。西周时期，五色为皇室和皇宫的正色调。为了强调皇权的荣誉和威望，皇室一般以鲜艳的颜色为主，以金银色为辅，其审美情趣延续至今。例如，故宫博物院生产了一套名为"有凤来仪"的杯垫套装。图案灵感来源于凤凰纹点翠头花，颜色以黄、红、蓝为主，金色勾边，采用现代微辐射技术填充颜色。该产品既有流畅、绚丽的色彩，又透露出宫器的古韵，使故宫文化不再只出现在展品的收藏中。它采用现代方法改造和传播东方文化，不再拘泥于清代皇宫的传统色彩，而是使传统色彩纯净亮丽，将原本沉静的历史文化转化为生动的色彩与造型，实现历史文化的传播，体现了现代设计的时尚精神，很好地弘扬了现代色彩。

（二）注重文化创意产品色彩设计的隐喻性

文化创意产品的核心在于主体的文化设计。在设计文化创意产品的色彩时，应注意色彩中的文化隐喻。颜色能表达情感是不可否认的，色彩在一定传统文化背景下具有一定的象征意义。中华民族崇尚红色，红色有热情、欢乐、幸福等象征意义，在中国人心中是具有特殊的情感和审美象征意义的。节日庆典用红色装饰；新娘必须穿红色裙子；文学中不乏对红色的描述；等等。相传神农氏因懂得用火而被称为为炎帝，火也是红色，刘邦立汉称自己为"赤帝之子"，都是红色的类比运用，受众美学受到环境、文化表达甚至宗教影响。

中国的色彩文化与传统文化密不可分，是我国人民审美意识的中心体现和表达，揭示了中国人的思维逻辑，具有地域性。现代文化创意产业需要创新，不仅要顺应国际潮流，还要重视本土文化，从中华传统文化中汲取养分。研究传统色彩是对中华传统文化的继承和发展，不仅能为设计师所用，也能使买家更好地理解中国传统语言，更好地构建具有中国特色的产品。

第四节 基于仿生文化的文创产品设计

当前，社会不断发展，对文化生活的关注度不断提高，文化创意领域的产品设计水平不断提高。将文化创意产品中的设计元素与模仿设计元素相结合，可以大大增强文化创意产品的自然属性，更符合现代人的生活需求，容易引起受众的认同感，对文化创意产品的设计具有重要意义。

一、仿生文化创意产品的现状

随着人们生活水平的提高，对文化旅游、创意设计的兴趣越来越大。文化创意产品设计的基本原则是融合原有文化元素，创新设计更高层次的文化产品。然而，目前文化创意产品市场只是将众多设计元素汇集在一起，在仿制设计方面缺乏独特性。例如，只与其他产品如明信片结合使用，或完全模仿某种生物工艺品，没有创意。

二、仿生设计在文化创意产品设计中的应用

（一）形态仿生设计的应用

形态仿生是指在文化创意产品设计中，利用艺术处理方法简化或模仿机体的外部特征，主要有三个方面。

1. 具体形态仿生

具体形态仿生指参照自然界中各种生物形态，采取扭曲、夸张的艺术手法，表现事物形态，达到一定视觉效果。在文化创意产品设计中运用模仿原理，可以提高文化创意产品的创新创造能力。因此，这个概念可以用在一些文化创意产品上，比如把花、鸟、鱼、昆虫等大自然元素的外在特征与手机壳、钥匙链、杯子结合起来。

2. 抽象形态仿生

抽象形态仿生是指基于事物的外在形态，通过变形、夸张来概括和运用模仿对象的形态学特征，使其"神乎其神，形可不似"。古人常用"宁可食无肉，不可居无竹"来表达对竹子的喜爱，例如，在设计墨竹挂钟时，将竹叶巧妙地与表盘上的指针联系在一起，而挂钟框变成了墙上的竹子画，使人感受到了风与竹子、月光。

3. 意象形态仿生

意向形态仿生是形式因素和意蕴因素的结合，使文化创意产品不仅具有视觉意义，而且具有象征意义。意向形态设计重点分析了物体轮廓与产品之间的隐性关系，通过比较建立了物体共生体与文化创意产品的关系。例如，在推出猫形吉祥物时，设计理念除采用猫的外形外，还引用其吉祥招财的寓意，制作出具有文化创意的作品。招财猫举起的左爪和右爪分别代表招福和招财。

（二）结构仿生设计的应用

结构仿生设计是从不同的角度寻找事物与文化创意产品之间的联系，并将其融入产品设计中。植物的茎叶，动物的肌肉、骨骼结构，甚至自然景观，都可以是产品设计的一部分。例如，海洋馆出售的水晶球，以贝壳为主题，水晶球中的岩石及外露贝壳的质地均十分细腻。再如，杭州雷峰塔景区推出的钥匙链、冰箱贴等基于雷峰塔造型进行创意，十分有意趣。

（三）色彩仿生设计的应用

色彩仿生在文化创意产品设计中极为重要。在设计的早期，形态学和色彩的结合是必要的。由于颜色在不同的感知条件下是不同的，可以在文化创意产品的设计中使用自然的色彩。例如，花的红色、叶的绿色、动物的皮毛颜色等都可以应用于产品设计。腰牌是古代官员的"通行证"，北京故宫博物院将其与现实的行李牌相结合，制作出一套卡片和行李标签，鲜艳的颜色深受消费者的欢迎。

（四）功能仿生设计的应用

功能仿生主要是利用自然界中的生物能力和天然材料的性质。春秋时期，鲁班根据锯齿草叶片制作了锯片。功能仿生在产品设计中的重要性可见一斑。例如，利用景观建筑独特的属性来设计一个瓶子、一个门隔板，根据莲花的形状来建造储物架、帆布包等。

因此，文化创意产品在满足用户审美和消费需求方面起着很大的作用，具有实际产品设计中应用的生物特征和产品结构的生物仿生关系和特点。生物仿生设计没有特殊的限制，可以与文化创意产品的设计相结合，从而产生意想不到的效果。

第五节　基于文化新经济概念的文创产品设计

随着人们生活水平的提高，对文化创意产品的需求将越来越大。很少有人会去一元店买玻璃杯，为了取悦自己，人们愿意选择更昂贵、更精致的玻璃杯。文化新经济条件下消费心理的变化为传统文化产业转型提供了机遇。

一、文化新经济概述

（一）新经济起源

20世纪90年代，美国经济在经历了短暂的衰退后，进入了全面高速增长时期，持续了100多个月的快速增长，并实现了低失业、低通货膨胀，被学者称为"新经济现象"。当前，高新技术的发展及其产业化对社会经济发展有着深刻的影响。

（二）文化新经济概念

文化新经济是以文化要素为核心，以刺激文化消费为主要手段，以实现产业升级为最终目标的新经济模式。从经济发展的角度看，如何提取文化元素，将其与基金经济体系相结合，为其注入新的动力，是文化新经济的独特要素。总的来说，文化新经济是以经济发展的数量指标来衡量的，发展了文化要素，结合了新的方法。文化新经济决定了文化创意产品的发展方向。

以美国迪士尼为例，先提取图像，将图像中的每一个元素标准化，然后在迪士尼餐厅、迪士尼乐园等产品中使用不同的图像元素，以获得各种商品的卡通形象。后商品时代，通常采用授权的经济模式。众所周知，美国迪士尼文化创意的作品是以迪士尼卡通人物形象为基础的，也可称其为迪士尼文化。提取和应用目标文化，对新经济条件下的文化创意至关重要。

二、文化新经济下文化创意产品的设计原则

从文化新经济的角度讨论文化创意产品的设计，即产品如何从逆向产品的开发中获得最大的收益。文化新经济的特点：一是文化与经济高度，文化发展与资本、技术、产品等相结合；二是文化创新发展成为文化产品竞争力的基础；三是文化新经济条件下文化创意产品设计的原则为绿色设计、倡导更加科学的生活方式、以目标文化为核心。

（一）绿色设计原则

工业设计为人类创造了现代生活环境，也加速了资源的消耗和利用，这已经影响到地球的生态平衡。从文化新经济的角度看，文化创意产品的绿色设计，即在产品的整个生命周期内，要提供减少环境污染和能源消耗的功能。在文化创意的选择、加工、包装和产品的整个生命周期，必须考虑其可辨性、回收性、保存性和可重复使用性。

（二）倡导更加科学的生活方式原则

新的文化经济以人为本，提倡更舒适、更科学的生活方式，这也是工业设计师的首要工作。正如文化新经济条件下的文化创意产品、科技进步和经济发展，人民群众的生活质量将获得极大的提高，在这种情况下，文化创意产品必须注重引导人民群众过上更加科学的生活。

（三）以目标文化为核心原则

每一种文化创意产品都必须为文化的目的服务，文化创意产品成为消费者和

文化之间的纽带。在新的文化经济条件下，每一种目标文化都是不同文化在市场上竞争的一种品牌。在收入水平上升的同时，人们追求个性化定制，追求消费审美的时尚，目标文化可以满足人们的心理需求。因此，文化创意产品必须针对每一种特定的文化来设计，所开发的产品必须能够匹配和传递。

三、文化新经济下文化创意产品的设计创新

文化创意产品必须具有经济文化性、遗传性和创造性。目前，市场上有许多文化创意产品，对文化新经济的研究可以为文化创意产品的开发提供创新的思路。在新的文化经济条件下，设计师可以通过新技术和媒体，拓展文化创意产品的形式，体现生活的文化意义。文化创意产品有以下两种新方式。

（一）媒介创新

利用传统媒体进行文化创意产品营销是产品的直接销售手段，在文化新经济条件下进行创意文化产品营销需要深入分析产品本身、新媒体内容与用户需求的关系，因而在网络中创造出具有原创性同时又富有成效的新传播手段，从而使赢得消费者认可并达到营销目标成为可能。在新的文化经济条件下利用数字媒体，可以最有效地传播文化创意产品。

比如，故宫淘宝从2010年开始上线，分别开通微博和微信，还自主研发了8款智能应用，创造了向参观者传播故宫文创的新业态，参观者可以很容易地获取这些优秀文化创意产品的资料。

（二）技术创新

新技术的发展通常是经济发展和产品更新的强大动力。文化新经济条件下的虚拟现实设备和3D打印具有优良的价格和成熟的技术，越来越多地被文化创意产品的设计者所采用。

例如，利用3D打印技术使文化创意产品个性化，可以加快产品生产速度，提高产品生产质量，使文化创意产品个性化成为可能。使用虚拟演示技术，即VR、AR和MR，给人们带来了新奇的体验。2015年，浙江大学发行了AR明信

片，加上免费的App，观众只需将相机对准明信片或相册，校舍立体模型马上就会出现，即使相机镜头离开明信片，离线模式下模型仍可留在空中以供观看。

新的文化经济为文化创意产品的开发开辟了新的前景。在新的文化经济中，文化创意产品的设计必须围绕目标文化构建，遵循绿色设计原则，同时也应具有深厚的文化内涵和鲜明的时代特色。

第六节　基于非遗文化实践的文创产品设计

非物质文化遗产是人类宝贵的精神财富，是人类智慧的结晶，是中华文化代表性的象征，其发展和保存是时代的事业。在国家和社会各界的共同努力下，保护国家文化遗产取得了实实在在的成效。同时，必须指出，如今我们面临很多与保护文化遗产有关的问题，情况复杂，不容乐观。比如，传承缺失、商品滞销、缺乏创新、与现代社会美学格格不入等问题，阻碍了文化的保存和发展。文化创意产品作为一种新载体，可以传承与激活非物质文化遗产，进行文化创新和提升经济文化价值。

一、非遗文化创意产品的现状分析

（一）产品的文化性和实用性不平衡

文化创意产品作为一种物质产品，虽然是文化自我表达的形式，但实用功能必须得到重视；文化创意产品与普通材料产品相比，文化成分更多。目前，文化创意产品普遍与手机壳、钥匙链、杯子等要素捆绑在一起，未受影响的文化元素和产品载体，缺乏一定的互换性，消费者很难将这类产品与相应的非传统文化内涵联系起来。

（二）产品价格较高

许多文化创意产品的项目是手工制作的，需要花费大量的时间和精力，成本相对较高，设计的产品价格昂贵，大多数消费者无法接受。即使引入机械化生产，如果产品达不到标准，缺乏创新，也很难吸引消费者，使他们有购买欲望。

（三）产品品牌意识薄弱

与受众文化相比，小众非遗项目文化不太受欢迎。目前，非遗产品的发展仅限于政府主导的抢救保护上，文化企业尚未在非遗资源开发和品牌塑造方面发挥主导作用，很多未生产的项目是因为文化水平低，或是在偏远的地方，缺乏传承知识，保护意识差，品牌意识更差。总体来说，自然资源开发比较落后，工业化过程中缺乏系统规划，难以形成循环的生态产业，受到单个产品开发理念的制约。

（四）产品推广落实不到位

互联网时代，线上购物就可以买到自己喜欢的产品，而非遗产品一般都在文玩市场、展览馆等小众地方出售，宣传范围较窄、受众有限。因此，在品牌建设的基础上，需要建立更广阔的传播平台。

二、非遗文化创意产品的创新设计

传统文化的发展越来越离不开创意活动，创意产业呈现加速向传统文化渗透的趋势。可以说，将非遗文化元素引入文化创意产业是一种有效的传承保护的措施，也是文化创意产业发展的动力，在设计文化创意产品时，必须满足以下条件。

（一）文化性

文化是创造性文化作品的灵魂，也是一个地理标签，从中理性地提取文化价值，并以全新的方式表现出来，对不同的载体进行改造和调整，使其具有更高的文化价值，既充分体现了传统风格与现代风格，也体现了人民艺术家的创意思想和深深植根于当地民俗文化的传统理念。

（二）创新性

解决目前市场上文化创意产品品种单一的问题，需要基于人们与生活息息相关的审美需求进行实时创新，实现更高的纪念和收藏价值。

（三）可行性

可行性主要体现在文化创意产品的质量上。作为纪念品其质量必须得到保证，不能有任何偷工减料，否则不仅不能保证其实用性，而且不尊重中国的传统文化，即必须重视其可行性。

（四）情绪化

产品必须能与消费者进行情感互动，只有将传统文化与消费者的情感需求相结合，才能与消费者产生情感共鸣，让消费者感受到温暖，使消费者在追求时尚的同时，也有归属感。每件产品的设计理念和思维都是独特的，不同的产品可以满足不同消费者的情感需求。

三、非遗文化创意产品的实践思路

首先，在"非遗文化创意"生产线下的早期销售阶段，需要控制商品的供应和销售数量，可以先在小范围内推广，引起民众的好奇心后，再增加产品供应。根据采购情况，针对性地控制各类非遗文化产品的产量和后期的销售。

其次，利用互联网平台建立网络渠道。可在网上提供资料包，展示手工制作的经验。观众自身参与是一种深刻认知的方式，随着电子商务的发展，一些不能参观实体文化展馆的人也可以通过各种渠道获得成套材料，汲取前人开展非遗技术项目的经验。

方便访问是网络时代各个领域最大的特征。针对非遗项目，开发材料包无疑是一种更简单、更便捷、更广泛的传播方法。传承者在确定产品后，应结合相关材料包计算所需材料的内容和数量。在这一过程中，成熟的设计师的参与会增强视觉效果及增加实际销售量。除手工操作经验所需的材料外，培训材料也不可或缺。某些产品的生产比较简单，直接在材料包中提供说明即可；而一些相对复杂的手工制品有时需要向用户提供电子教程或进行视频演示，可以在材料包中提供可扫描的二维码，用户通过扫描二维码获得详细的视频教程，通过观看和手工体验，让越来越多的人明白什么是传承。

消费是最好的保护，好的解决办法是保存和发展遗产，更好地设计，以体现文化的精髓，在大众心目中树立创意文化产品的形象。

第五章

文创产品设计开发创新思路

第一节　传统元素融入，守正创新

一、传统文化元素在文创产品设计中的意义

文创产品设计是文化与创意的结合，其核心在于如何通过设计创新将传统文化元素融入现代产品中，既传承和弘扬传统文化，又满足现代消费者的审美和使用需求。传统元素融入文创产品设计不仅是对文化遗产的保护和传承，更是提升产品附加值和市场竞争力的重要手段。

（一）文化传承与创新

传统文化元素是一个民族历史和文化的重要组成部分，将这些元素融入文创产品设计中，可以实现对文化的传承和创新。文化传承不仅是对历史的尊重和纪念，更是通过现代设计手段赋予其新的生命力，使其在现代社会中焕发光彩。

通过创新设计，传统文化元素可以被重新解读和再创造，使其更符合现代人的审美和需求。例如，将中国传统的青花瓷元素应用到现代的家居设计中，通过

对纹样和色彩的现代化处理，使其既保留传统的韵味，又具备现代的时尚感。

（二）文化认同与品牌价值

传统文化元素能够激发人们的文化认同感，这是文创产品设计中不可忽视的价值。在产品中融入具有代表性的传统文化元素，可以增强消费者的文化认同和情感共鸣，从而提升品牌的附加值和市场竞争力。

例如，将汉字、京剧脸谱等具有强烈文化象征意义的元素应用到文创产品中，不仅可以吸引国内消费者，还可以通过这种独特的文化符号向国际市场传播中国文化，提升品牌的国际影响力。

（三）文化体验与市场需求

文化体验是现代消费者的重要需求之一。将传统文化元素融入文创产品设计，可以为消费者提供丰富的文化体验，满足其对文化认同和归属感的需求。通过这种方式，文创产品不仅是一件简单的消费品，更是一种文化体验和情感交流的媒介。

例如，将传统节日元素融入文创产品设计中，可以让消费者在使用产品的过程中，感受到节日的氛围和文化的温暖，从而提升产品的情感价值和市场吸引力。

二、传统文化元素的应用策略

（一）元素提取与再设计

传统文化元素的提取和再设计是文创产品设计的关键步骤。设计师需要深入研究和理解传统文化，从中提炼出具有代表性和独特性的元素，然后利用现代设计手段进行再设计，使其在新的产品中得以应用。

1. 元素提取

元素提取包括对传统文化符号、纹样、色彩、材质等的收集和分析。设计师需要通过文献研究、实地考察、专家访谈等方式，系统地收集和整理传统文化元素，并进行分类和分析，确定哪些元素具有应用价值。

设计师需要查阅大量的文献资料，包括古籍、历史文献、艺术评论等，以了解传统文化元素的历史演变、发展脉络和象征意义。这不仅可以帮助设计师理解这些元素是如何在不同的历史阶段和文化背景中被使用和诠释的，还可以为设计师提供灵感和设计参考。另外，设计师需要前往传统文化遗产地和博物馆，亲自观察和体验那些具有代表性的传统文化元素。在实地考察中，设计师可以记录这些元素的实际应用情况，如它们在建筑、服饰、工艺品等领域的具体表现，以及它们与当地环境、文化习俗的相互关系和影响。通过实地考察，设计师可以更直观地感受和理解这些元素的文化内涵和艺术价值。此外，设计师可以与文化学者、传统工艺师等专家进行深入的交流和探讨，了解他们对传统文化元素的看法。通过与专家的访谈，设计师可以获取专业的见解和建议，从而更深入地理解这些元素的内涵和价值。这些专业见解和建议可以为设计师在后续的设计过程中提供有力的指导和支持。在收集和整理了足够的传统文化元素后，设计师需要对这些元素进行分类和分析。这个过程需要根据元素的性质、特点和应用价值进行细致的划分和筛选。设计师需要筛选出那些具有代表性和应用价值的元素，来作为设计的基础。这些元素应该既能够准确地传达传统文化的精髓和特色，同时又能够适应现代审美和实际需求。

2. 再设计

再设计是指通过现代设计手段对提取的传统文化元素进行再创造，使其既保留传统文化的韵味，又符合现代审美和使用需求。再设计的过程包括对元素的形式、色彩、材质等重新进行处理，使其在新的产品中得以应用。

设计师会对传统文化元素进行简化和抽象化处理，去除其繁杂的部分，提炼出最精髓的元素。这样处理后的元素，不仅更具视觉冲击力，还能更好地与现代设计语言相融合，为现代产品注入独特的韵味。此外，设计师可以根据现代审美趋势，对传统文化元素的色彩重新进行设计。他们可能会采用更加明亮、鲜艳的色彩，使产品更具活力；也可能会选择更加柔和、自然的色彩，使产品更具温馨感。总之，色彩重构的目的是使传统文化元素与现代审美趋势相契合，让人们在欣赏产品的同时，也能感受到传统文化的魅力。在材质创新方面，设计师会结合现代材料和工艺，对传统文化元素的材质进行创新处理。他们可能会采用新型环保材料，使产品更加环保、健康；也可能会运用先进的工艺技术，使产品的质感和手感更加出色。材质创新不仅能够提高产品的实用性和美观性，还能让传统文化元素以全新的面貌呈现在人们面前。还有，设计师会在保留传统文化元素的基础上，进行功能性的创新设计。他们可能会将传统文化元素与现代科技相结合，开发出具有独特功能的产品；也可能会通过改变产品的使用方式或增加新的功能点，使产品在现代生活中更加实用。功能拓展不仅能够满足现代人的使用需求，还能让传统文化元素在现代社会中焕发新的生机。

（二）文化符号的现代化解读

文化符号是传统文化元素的集中体现，通过现代化的解读和再创造，可以使这些符号在现代产品中焕发新的生命力。文化符号的现代化解读包括对符号的形式、意义和应用方式的重新诠释，使其更符合现代人的审美和需求。

1. 符号的形式重构

符号的形式重构是指通过对传统文化符号的形式进行重新设计，使其在现代产品中具有新的视觉表现力。形式重构的过程包括对符号的简化、变形、组合等，通过现代设计手段赋予其新的视觉形象。

简化设计是指设计师会仔细审视传统符号的每一个细节，去除那些烦琐、冗余的元素，而保留那些最能代表符号核心意义的元素。这种简化并非简单的削减，而是经过深思熟虑后的提炼与升华，使符号在保持原有文化内涵的同时，更具现代感与简洁性。

变形设计是指设计师会对传统符号进行大胆的创新与变形，利用拉伸、旋转、扭曲等现代设计手法，赋予符号新的形态与视觉效果。这种变形既可以是对符号局部的调整，也可以是对整体结构的重新构建。在变形的过程中，设计师会注重保持符号的可识别性与文化属性，使变形后的符号依然能够展现传统文化的精髓。

接下来是组合设计。在这一设计中，设计师会将不同的传统符号进行巧妙的组合与搭配，创造出全新的图案与形象。这种组合并非简单的堆砌与拼凑，而是根据符号之间的内在联系与文化寓意进行有机的融合与重构。通过组合设计，设计师能够打破传统符号的局限性，拓展其应用范围与表现空间，使设计更具独特性与创新性。

最后的多元表现。设计师会运用不同的表现手法与媒介，如平面设计、立体设计、数字设计等，将传统符号以多样化的方式呈现在现代产品中。这种多元表现不仅丰富了设计的视觉效果与层次感，也增强了设计与现代生活的联系与互动。通过多元表现，传统符号得以在现代社会中散发出新的光彩与魅力。

2. 符号的意义重释

符号的意义重释是指通过对传统文化符号的意义进行重新解读，使其在现代社会中具有新的文化内涵。意义重释的过程包括对符号的历史背景、文化意义等进行深入分析，并结合现代社会的价值观和审美需求，赋予其新的文化内涵。

设计师首先需要深入研究传统符号的来源、演变及其在传统文化中的地位和作用。这有助于他们更全面地理解符号的原始意义，为后续的现代诠释提供有力的支撑。接着，就是结合现代社会的价值观和审美需求，对这些传统符号进行意义重释。在这个过程中，设计师需要深入分析现代社会的文化特点、审美趋势以及人们的心理需求，将传统符号与现代元素有机融合，使其在新的文化语境中焕发出新的光彩。另外，还可以通过为传统符号创作文化故事，让符号更加生动、有趣，更容易被大众接受和喜爱。还有，可以通过社交媒体、文化活动、品牌推广等多种方式，让更多的人了解和认识这些具有深刻文化内涵的符号。在这个过程中，设计师需要注重与消费者的互动和沟通，了解他们的反馈和意见，不断优化和完善设计师的推广策略。同时，需要说明的是，多元文化融合是意义重释的重要目标之一。设计师可以将传统文化符号与其他文化元素相融合，创造出新的文化符号和设计风格。这不仅有助于增强设计的多元性和创新性，还可以推动不同文化之间的交流，促进文化的多样性和包容性。

（三）传统技艺的现代化应用

传统技艺是文化传承的重要载体，通过现代设计手段，将传统技艺应用到文创产品中，可以提升产品的文化价值和艺术价值。传统技艺的现代化应用包括对传统工艺、制作方法、材料等的重新诠释和再创造。

1. 技艺传承与创新

传统技艺的传承与创新是文创产品设计中的重要环节。设计师需要在保留传统技艺核心价值的基础上，进行现代化的创新设计，使其在现代产品中得以应用。

在技艺研究的层面，设计师需要像考古学家一样，深入挖掘传统技艺的根源，仔细研究其工艺流程的每一个细节。他们需要了解这些技艺在历史的洪流中是如何演变、如何传承的，以及这些技艺所使用的材料是如何选择的，制作方法又是怎样的。通过这样的研究，设计师能够深入理解传统技艺的核心价值和独特之处，为后续的创新设计打下坚实的基础。

而在技艺创新的环节，设计师需要在保留传统技艺精髓的基础上，勇敢地迈出创新的一步。他们需要结合现代的设计理念和技术手段，对传统技艺进行巧妙的改造和升级。这样的创新并非对传统的颠覆，而是在传统的基础上融入现代的元素，使传统技艺在现代产品中焕发新的生机和活力。这样的设计不仅具有独特的审美价值，更能够满足现代消费者的需求和喜好。

技艺培训是传承与创新的重要环节之一。设计团队需要通过专业的培训，提升对传统技艺的理解和掌握能力。他们需要学习传统技艺的制作方法、材料选择等基本知识，更需要通过实践来加深对这些技艺的理解和感悟。通过这样的培训，设计师能够更好地将传统技艺与现代设计相结合，为设计创新提供更多的灵感和思路。

技艺展示则是传承与创新成果的展示平台。设计师可以通过展览、工作坊等形式，向公众展示传统技艺的魅力和现代应用。这样的展示不仅能够让更多的人了解和认识传统技艺，还能够增强文化传播力和影响力。通过这样的展示，传统技艺在现代社会中得到更广泛的传承和发展，同时也为现代产品设计提供了更多的灵感和素材。

2. 材质的现代化应用

材质的选择和应用在文创产品设计中占据着举足轻重的位置，它不仅决定了产品的物理属性，更承载着深厚的文化内涵。设计师在文创产品设计过程中，需要精心挑选和搭配材质，运用现代技术手段，将传统材质与现代材料巧妙结合，以提升产品的实用性和美观性，进而达到传承与创新并重的目标。

在材质选择的过程中，设计师首先需要进行深入的研究。这包括对传统材质的特性、来源和使用方法的全面了解，以及对其在传统文化中的应用和价值的深入探究。比如，对丝绸、陶瓷、竹木等传统材质的研究，不仅能够帮助设计师理解它们的物理属性，还能够让设计师领略到这些材质背后的丰富文化内涵和历史底蕴。

在材质研究的基础上，设计师还需要进行材质创新。这并不意味着对传统材质的摒弃，而是结合现代材料科学和技术，对传统材质进行改良和创新处理。例如，可以利用现代纺织技术提升丝绸的舒适度和耐用性，或者利用现代陶瓷技术改善陶瓷的质地和色泽。这样的创新处理不仅能够使传统材质在现代产品中更具实用性和美观性，还能够展现设计师对传统材质的尊重和传承。

材质融合是文创产品设计中的一个重要环节。设计师需要将传统材质与现代材料相结合，创造出新的材质组合和应用方式。这种融合不是简单的堆砌和叠加，而是设计师在深入了解两种材质特性的基础上，进行的巧妙搭配和组合。比如，可以将丝绸与金属材质相结合，创造出既柔软又坚韧的产品；或者将陶瓷与木材相结合，营造出既古朴又现代的产品风格。这样的材质融合不仅能够提升产品的独特性和市场竞争力，更能够展现出设计师对材质运用的高超技艺和独到见解。

最后，材质推广也是文创产品设计中不可忽视的一环。设计师需要通过市场推广和品牌宣传，将创新应用的传统材质产品推向市场，提升消费者对传统材质的认知和认可度。这包括利用社交媒体、网络平台等渠道进行产品展示和推广，以及通过品牌故事、文化解读等方式提升产品的文化价值。这样的推广不仅能够吸引更多消费者的关注和购买，更能够推动文创产业的可持续发展和创新。

三、传统文化元素融入文创产品设计的挑战与对策

（一）传统文化元素融入文创产品设计的挑战

传统文化元素融入文创产品设计过程中，设计师面临许多挑战，包括文化理解与再现、市场接受度、创新与传承的平衡等。

1. 文化理解与再现

设计师在追求艺术创作的道路上，对传统文化元素的深入理解和尊重是不可或缺的。这些元素不仅是历史的见证，更是文化的瑰宝，蕴含着丰富的哲理和情感。因此，设计师在运用这些元素时，必须深入其骨髓，领会其精髓，以避免因理解不准确而导致的文化误解或误用。

在全球化的大背景下，各种文化交融，很容易产生文化冲突和误解。设计师在接触传统文化元素时，如果仅仅停留在表面，或者受到自身文化背景的局限，就可能会对其内涵和价值产生误解。例如，某种传统图案在特定文化中可能具有深刻的象征意义，但在不了解其文化背景的情况下，就可能被误解为简单的装饰元素，从而失去了其应有的文化价值。这种误解不仅损害了文化传承的效果，还可能引起目标受众的反感，甚至产生文化冲突。

另外，传统文化元素往往具有独特的形态和韵味，需要设计师具备高超的技艺和深厚的文化功底才能准确再现。比如，中国传统书法中的笔墨纸砚，其独特的书写技巧和韵味是现代技术难以完全复制的。又如，某些传统工艺品中的手工雕刻和彩绘，也需要设计师具备精湛的技艺和丰富的经验才能将其完美呈现。这些再现难度大的元素，对设计师提出了更高的要求，他们不仅要有扎实的设计基础，还要有丰富的文化知识和实践经验。

因此，设计师在运用传统文化元素时，必须保持敬畏之心，深入学习和理解其内涵和价值。同时，他们还需要具备高超的技艺和深厚的文化功底，确保能够再现这些元素，并与现代设计相结合，创造出既有传统韵味又符合现代审美的作品。只有这样，才能真正实现文化传承与创新的完美结合。

2. 市场接受度

传统文化元素的应用在现代设计领域，无疑是对历史和文化的致敬。然而，这种应用并非简单的堆砌或模仿，而是需要设计师在深入理解传统文化的基础上，巧妙地结合现代审美和市场需求。在实际操作中，设计师面临诸多挑战，其中最为关键的便是如何使产品在保留传统文化韵味的同时，能够被现代消费者所接受和喜爱。

首先，设计师不得不面对的是审美差异的问题。不同的消费者群体，由于文化背景、受教育程度、生活经历等方面的差异，对传统文化元素的审美认知和接受度也会有所不同。有的消费者可能热衷于追求原汁原味的传统文化元素，而有的则可能倾向于将传统文化与现代元素相结合的创新设计。因此，设计师需要在深入了解目标消费者群体的基础上，找到一个平衡点，使产品既能够体现传统文化的精髓，又能够符合现代消费者的审美需求。

其次，市场需求的变化也是设计师需要时刻关注的重要问题。随着时代的变迁和消费者需求的不断变化，现代市场对传统文化元素的需求也在不断变化。有时候，某个传统文化元素可能会在短时间内受到热烈的追捧，但随着时间的推移，这种热度可能会逐渐下降。因此，设计师需要时刻关注市场动态，及时调整自己的设计策略，以确保产品能够持续受到市场的欢迎。

在具体的实践中，设计师可能会采用多种方式来应对这些挑战，但无论采用何种方式，设计师都需要保持敏锐的洞察力和创新的思维方式，以确保传统文化元素在现代设计中得到更好的应用和发展。

3. 创新与传承的平衡

在设计过程中，创新与传承之间的平衡无疑是一项既微妙又充满挑战性的任务。设计师需要在深入理解和尊重传统文化精髓的基础上，展现出无畏的创新精神，以满足日益多元化和个性化的现代消费者需求，并紧跟市场的快速变化。

首先，关于创新限制，这不仅仅是技术层面的挑战，更多的是在思维模式和价值观上的考量。设计师需要在尊重传统文化的前提下，勇于突破传统的束缚，将现代审美观念、技术手段和设计理念融入其中，创造出既具有传统韵味又充满现代感的作品。然而，这种创新并非无限制的，设计师需要在创新和传承之间找到最佳的平衡点，确保设计作品既不过于保守，也不过于前卫，而是能够恰到好处地融合传统与现代。

其次，文化冲突是创新设计过程中难以避免的问题。由于不同文化之间的差异性和复杂性，设计师在将传统文化元素融入现代设计时，可能会出现与传统文化元素不协调的情况。这就要求设计师具备敏锐的文化洞察力和创新能力，能够准确捕捉和理解传统文化的内涵和精髓，同时将其与现代审美观念相结合，创造出既符合现代审美标准又具有传统文化特色的作品。

在这个过程中，设计师需要保持开放的心态和多元的思维，勇于尝试不同的设计方法和风格，不断挑战自己的设计能力和创造力。同时，他们还需要深入研究和理解传统文化的内涵和价值，尊重并传承传统文化的精髓，将其与现代设计相结合，创造出具有独特魅力和深刻内涵的作品。这样，设计师才能在创新与传承之间找到最佳的平衡点，实现设计的可持续发展。

（二）传统文化元素融入文创产品设计的对策

面对上述挑战，设计师和企业可以采取以下对策，以实现传统文化元素在文创产品设计中的成功应用。

1. 加强文化研究与理解

设计师需要通过系统的文化研究，深入理解和掌握传统文化元素的内涵和历史背景。可以通过与文化专家、学者合作，进行文献研究、实地考察等，全面了解传统文化元素的起源、演变和意义，从而在设计中将其准确再现和运用。

首先，文献研究是不可或缺的一环。设计师需要系统研究相关领域的文化文献、书籍和研究论文，从中获取关于传统文化元素的详尽历史记录、演变脉络和深层内涵。这些文献可能是古老的典籍、历史档案，也可能是现代学者的研究成果。通过对这些文献的深入阅读和分析，设计师能够全面了解传统文化元素的起源、发展及其在历史上的地位和作用。

其次，实地考察是增强感性认识的重要途径。设计师应当组织团队前往文化遗产地、博物馆和文化展览，亲身体验和感受传统文化元素的魅力。在这样的环境中，设计师可以近距离观察传统工艺的制作过程，感受传统艺术的独特韵味，从而更好地理解这些元素在现实生活中的应用和表现。

再次，与文化专家、历史学者和传统工艺师的深入访谈也是非常重要的。这些专家拥有深厚的专业知识和丰富的实践经验，他们的见解和经验对于设计师来说具有极高的价值。通过与这些专家的交流，设计师可以获得更为专业、全面的文化知识和传承经验，为设计工作提供更加坚实的支撑。

最后，定期举办文化工作坊也是提升设计团队文化素养和创新能力的重要举措。在这些工作坊中，设计师可以邀请文化专家举办讲座，分享他们的研究成果和实践经验。通过这样的活动，设计师可以拓宽自己的视野和思路，增强对传统文化的理解和感悟，从而在设计中更加准确地运用传统文化元素。

总的来说，设计师需要通过系统的文化研究、文献研究、实地考察、专家访谈和文化工作坊等，深入理解和掌握传统文化元素的内涵和历史背景。这样的理解和掌握不仅能够使设计师更加准确地再现和运用传统文化元素，还能够使设计作品具有更深厚的文化底蕴和更独特的艺术魅力。

2. 品牌建设与文化推广

通过品牌建设和文化推广，提升产品的附加值和市场影响力。设计师和企业可以通过品牌故事、文化活动、展览等方式，向消费者传递产品的文化内涵和设计理念，增强消费者的文化认同和情感共鸣。

具体实施措施包括以下几个方面。

（1）品牌故事

品牌故事的构建是品牌文化的核心。设计师将深入挖掘品牌的历史、愿景和核心价值观，为每一个产品和品牌量身定制文化故事。这些故事将通过精心设计的文字、引人入胜的视频和富有创意的动画等进行传播。文字方面，运用富有感染力的语言和叙事技巧，在品牌与消费者之间建立情感纽带；视频和动画方面，运用先进的影像技术和动画设计，将品牌故事以更加直观、生动的方式展现给消费者。这些方式将极大地增强品牌的文化内涵和情感吸引力，使消费者对品牌产生更深的认同感和归属感。

（2）文化活动

文化活动的组织和参与是提升品牌知名度和影响力的有效途径。通过定期组织和参与各种文化活动，如展览、讲座、工作坊等，围绕品牌的文化理念和产品设计展开，通过展示品牌的文化特色和创新成果，吸引更多的消费者关注和了解品牌。同时，邀请行业专家、艺术家和设计师等重量级嘉宾参与活动，与消费者进行面对面的交流和互动，提升活动的专业性和权威性。通过这些文化活动，进一步巩固品牌在消费者心中的地位，提升品牌的知名度和影响力。

（3）社交媒体营销

社交媒体已成为品牌推广的重要阵地。设计师需要充分利用社交媒体平台进行品牌推广，通过内容营销、互动活动、用户生成内容等方式增强品牌的市场影响力和用户参与度。可以定期发布与品牌相关的优质内容，如产品介绍、品牌故事、行业资讯等，吸引用户的关注和兴趣。同时，还可以举办各种互动活动，如抽奖、问答、话题讨论等，鼓励用户参与并分享品牌内容，提升品牌的曝光度和用户参与度。此外，还要积极关注用户生成内容（UGC），将优质的用户内容进行二次传播和推广，进一步扩大品牌的影响力。

（4）跨界合作

跨界合作是扩大品牌影响力和文化深度的有效手段。设计师应该积极与知名文化机构、艺术家、设计师等进行跨界合作，推出联名产品和品牌活动。通过与这些合作伙伴的资源共享和优势互补，将打造出更具创新性和文化价值的联名产品和品牌活动。这些联名产品和品牌活动将结合双方的特色和优势，以独特的设计理念和文化内涵吸引更多消费者的关注和喜爱。同时，这些合作也将为品牌带来更多的曝光机会和合作资源，进一步扩大品牌的影响力和文化深度。

（5）文化出版物

文化出版物是品牌文化传播的重要载体。设计师可以出版一系列与品牌相关的文化书籍、画册、宣传册等，详细介绍品牌的设计理念、文化背景和产品特点。这些出版物将采用精美的设计和印刷工艺，以高品质的视觉效果和阅读体验呈现品牌的文化魅力。同时，邀请知名作家、设计师和艺术家等撰写文章和评论，为出版物增添权威性和专业性。这些文化出版物将成为品牌文化传播的重要媒介，让更多人了解和喜爱那些文化品牌。

通过以上策略，设计师和企业可以有效地将传统文化元素融入文创产品设计中，既传承和弘扬了传统文化，又提升了产品的市场竞争力和品牌价值。在创新与传承的过程中，设计师需要不断探索和实践，通过应用现代设计手段和技术，赋予传统文化元素新的生命力，使其在现代社会中继续焕发光彩。

第二节　跨界合作发展，实现双赢

一、跨界合作的意义

（一）丰富设计思路

跨界合作能够打破单一领域的思维局限，带来不同领域的知识和经验，丰富设计师的思路，激发新的创意和灵感。这种多元化的思维碰撞能够创造出更加独特和创新的作品。

1. 多学科的视角

跨界合作可以引入多学科的视角。例如，将建筑设计与服装设计相结合，服装设计师可以借鉴建筑设计中的结构美学和空间布局，而建筑师则可以从服装设计中获得关于材质和细节处理的灵感。这样的合作不仅可以丰富设计师的思维方式，还能够创造出跨领域的创新设计。

2. 多样化的技术应用

跨界合作还能够带来多样化的技术应用。例如，科技公司与传统工艺厂合作，通过现代科技手段如3D打印、激光切割等，提升传统工艺的表现力和实用性。这种技术的融合能够推动传统工艺的现代化，使其更符合现代消费者的需求。

3. 文化与艺术的交融

通过跨界合作，文化与艺术的交融能够带来更加丰富的设计元素。例如，将现代艺术与传统文化相结合，艺术家和设计师可以共同创作，赋予传统文化元素新的艺术表现形式，提升文创产品的文化价值和艺术性。

（二）提升产品创新性

跨界合作可以将不同领域的技术和工艺应用到文创产品设计中，提升产品的创新性和独特性。通过跨界合作，设计师可以突破自身领域的限制，借鉴其他领域的先进技术和创新理念，提升产品的创新水平。

1. 技术创新

通过引入其他领域的技术，文创产品设计可以实现更多的技术创新。例如，智能技术的应用能够提升文创产品的功能性和互动性。通过智能硬件、物联网技术等，可以设计出更加智能化和个性化的文创产品，如智能家居、智能穿戴设备等。

2. 功能创新

跨界合作能够带来功能上的创新。例如，将健康医疗领域的技术应用到文创产品设计中，可以设计出具有健康监测功能的智能饰品，这种功能上的创新不仅提升了产品的实用性，还增加了产品的附加值。

3. 材料创新

跨界合作还可以带来材料上的创新。例如，将新型环保材料应用到文创产品设计中，可以设计出既环保又具有美学价值的产品。通过与材料科学领域合作，设计师可以探索更多新型材料的应用，提高产品的可持续性和环保性。

（三）拓展市场空间

跨界合作可以拓展产品的市场空间，通过与其他领域的品牌和企业合作，开发新的市场和客户群体。跨界合作能够结合不同领域的市场资源和渠道，实现品牌的互补和市场的拓展。

1. 品牌联名

品牌联名是跨界合作的一种重要形式，通过与其他品牌的合作，推出联名产品，提升品牌的知名度和市场影响力。品牌联名可以结合双方的品牌价值和市场资源，实现品牌的互补和市场的扩展。

2. 市场共享

通过跨界合作，企业可以共享市场资源和客户群体。例如，一家文创产品公司与一家时尚品牌合作，通过推出联名产品，既吸引了时尚品牌的消费者群体，也将文创产品推广到更广泛的市场。这样的合作不仅提升了品牌的知名度，还扩大了市场影响力。

3. 国际市场开拓

跨界合作还可以帮助企业开拓国际市场。例如，与国际知名品牌合作，可以利用其国际市场资源和品牌影响力，将文创产品推向全球市场。这样的合作不仅能够提升产品的国际知名度，还能够吸引更多的国际消费者，扩大市场份额。

（四）促进文化传承与创新

跨界合作在文化传承与创新方面也具有重要意义。通过与文化、艺术等领域合作，可以更好地传承和弘扬传统文化，同时实现文化的创新和现代化。

1. 文化元素的再创造

通过与艺术家、文化学者合作，设计师可以对传统文化元素进行再创造，使其在现代社会中焕发新的生命力。例如，将传统的剪纸艺术与现代设计相结合，可以设计出具有传统文化内涵的现代装饰品，使传统艺术得以传承和创新。

2. 文化体验的提升

跨界合作还可以提升文化体验。例如，通过与旅游产业合作，可以设计出具有文化特色的旅游纪念品，使游客在旅游过程中不仅能够欣赏美景，还能够体验和购买具有文化价值的文创产品，提升旅游的文化体验。

3. 文化传播的扩大

跨界合作能够扩大文化传播的范围。例如，通过与影视产业合作，将影视作品中的文化元素融入文创产品设计中，可以吸引影视作品的粉丝，扩大文化传播的影响力。同时，通过文创产品的销售，使更多的消费者了解文创产品，实现文化的广泛传播。

（五）资源的高效利用

跨界合作能够实现资源的高效利用，通过资源的整合和优化配置，提高合作的效率和质量。

1. 技术资源的共享

跨界合作可以实现技术资源的共享。例如，科技公司与设计公司合作，科技公司可以提供先进的技术支持，设计公司可以提供创意和设计资源，通过资源的共享，使技术与设计相结合，提升产品的创新性和市场竞争力。

2. 市场资源的整合

通过跨界合作，企业可以整合市场资源，提高市场覆盖率和销售量。例如，文创产品公司与电商平台合作，通过电商平台的销售渠道，将文创产品推广到更广泛的市场，提高产品的销售量和市场占有率。

3. 人才资源的优化配置

跨界合作还可以实现人才资源的优化配置。例如，通过与高校和研究机构合作，可以引进更多的专业人才和科研力量，为文创产品设计提供智力支持和技术保障，提高设计水平和创新能力。

（六）竞争力的提升

跨界合作能够提升企业的市场竞争力，通过合作，实现优势互补，提高企业的综合竞争力。

1. 品牌竞争力

通过跨界合作，企业可以提升品牌的市场影响力和知名度。例如，品牌联名可以结合双方的品牌价值和市场资源，提升品牌的市场吸引力和竞争力。同时，通过跨界合作，还可以提升品牌的创新能力和文化内涵，增强品牌的竞争力。

2. 产品竞争力

跨界合作能够提升产品的创新性和独特性，提高产品的市场竞争力。例如，通过引入其他领域的技术和工艺，可以提升产品的功能性和美观性，提高产品的市场竞争力。同时，通过跨界合作，还可以设计出更多具有市场潜力和吸引力的创新产品，增强产品的市场竞争力。

3. 市场竞争力

通过跨界合作，企业可以拓展市场空间，提高市场占有率，增强市场竞争力。例如，与国际知名品牌合作，可以利用其国际市场资源和品牌影响力，拓展国际市场，提高市场竞争力。同时，通过跨界合作，还可以利用合作伙伴的市场资源和渠道，提高产品的市场覆盖率和销售量，增强市场竞争力。

（七）可持续发展的推动

跨界合作在推动企业可持续发展方面也具有重要意义。通过跨界合作，可以实现企业的创新发展，提升企业的可持续发展能力。

1. 创新发展的推动

跨界合作能够推动企业的创新发展。例如，通过引入其他领域的技术和创新理念，可以提升企业的创新能力和水平，推动企业的创新发展。同时，通过跨界合作，还可以激发企业的创意和灵感，设计出更多具有市场竞争力的创新产品，实现企业的可持续发展。

2. 环境可持续性的提升

跨界合作还可以提升企业的环境可持续性。例如，通过与环保材料公司的合作，可以设计出更多环保、可持续的文创产品，提高产品的环保性和可持续性。同时，通过跨界合作，还可以推广绿色设计理念，推动企业在生产和设计过程中采用更多环保技术和材料，实现环境的可持续发展。

3. 社会责任的履行

跨界合作还能够推动企业履行社会责任。例如，通过与公益组织合作，可以设计出更多具有社会责任感的文创产品，如公益纪念品等，提升企业的社会影响力和美誉度。同时，通过跨界合作，还可以推动企业在社会责任方面的创新和实践，实现企业的社会责任目标。

综上所述，跨界合作在文创产品设计中具有极其重要的意义。通过跨界合作，设计师和企业可以丰富设计思路，提升产品创新性，拓展市场空间，促进文化传承与创新，实现资源的高效利用，提升市场竞争力，推动企业的可持续发展。在跨界合作过程中，双方需要在理念、资源、沟通、创新、质量等方面进行系统化的管理和协调。

二、跨界合作的策略

（一）寻找合作伙伴

设计师和企业需要寻找具有共同理念和目标的合作伙伴，可以是其他领域的设计师、艺术家、企业等。合作伙伴的选择应注重双方在理念、资源和市场上的互补性。

具体实施措施如下。

1.合作伙伴筛选

制定合作伙伴筛选标准，重点考察其设计理念、市场资源和合作意愿，确保合作的契合度。合作伙伴筛选标准包括文化契合度、技术优势、市场影响力、合作经验等方面。通过筛选标准，能够确保合作伙伴在理念上契合，在资源上互补，为后续合作打下坚实基础。

2.合作平台

利用行业协会、展览会、论坛等平台，寻找潜在的合作伙伴，并建立联系和沟通渠道。这些平台汇聚了行业内的领先企业和优秀设计师，通过这些平台可以快速找到合适的合作对象，并进行初步接洽和沟通。

3.合作评估

对潜在合作伙伴进行全面评估，了解其优势和劣势，确定合作的可行性和具体合作内容。评估内容包括合作伙伴的技术水平、市场覆盖面、品牌影响力、合作案例等。通过全面评估，可以选择最合适的合作伙伴，确保合作的成功率。

（二）共同开发产品

通过合作，双方可以共同开发新的文创产品，融合不同领域的技术和工艺，创造出具有创新性和市场竞争力的产品。共同开发产品需要明确分工、紧密协作，实现优势互补。

具体实施措施如下。

1.项目规划

制定详细的合作项目规划，明确合作目标、分工、时间表和预算，确保项目的有序推进。项目规划包括项目的整体目标、阶段性目标、任务分工、资源配置、时间进度、预算控制等方面，确保项目在各个环节有条不紊地进行。

2.资源整合

充分利用双方的技术、设备、人才等资源，实现资源的最佳配置和利用。通过整合资源，能够提升项目的整体效率和质量，减少重复投入和浪费，实现资源的最大化利用。

3.设计创新

鼓励合作双方在设计过程中大胆创新，提出具有创意和市场潜力的设计方案。在设计过程中，双方需要保持开放的心态，积极交流和碰撞想法，结合各自的专业优势，共同探索新的设计方向和思路。

4.试验与验证

通过试验和原型测试，验证设计方案的可行性和实用性，并不断优化和改进。在产品开发过程中，试验和验证是关键步骤，通过反复试验和优化，确保最终产品在功能性、美观性和实用性方面都能达到最佳状态。

（三）品牌联名

品牌联名是跨界合作的一种重要形式，通过与其他品牌的合作，推出联名产品，提升品牌的知名度和市场影响力。品牌联名可以结合双方的品牌价值和市场资源，实现品牌的互补和市场的扩展。

具体实施措施如下。

1.品牌匹配

选择价值观相符、市场定位互补的品牌进行联名合作，确保联名产品的市场吸引力。品牌匹配的关键在于找到与自身品牌形象和目标市场契合度高的合作品牌，确保联名产品能够吸引双方的核心消费者。

2.联合营销

制定联合营销策略，通过线上线下多渠道推广联名产品，提升市场曝光度和销售量。联合营销包括广告宣传、社交媒体推广、线上线下活动等，通过多种渠道的整合营销，最大化联名产品的市场影响力。

3.品牌故事

为联名产品设计独特的品牌故事，突出联名合作的创新点和文化内涵，增强品牌的情感吸引力。品牌故事需要结合双方品牌的历史、文化和价值观，通过讲故事的方式，展现产品的独特魅力并与消费者产生情感共鸣。

4.消费者互动

通过社交媒体、线下活动等方式，与消费者进行互动，增强品牌的用户黏性和忠诚度。消费者互动活动可以包括产品体验会、粉丝见面会、线上互动游戏等，通过多样化的互动形式，提升消费者的参与感和忠诚度。

三、跨界合作的具体实施步骤

（一）合作意向确定

在开展跨界合作之前，双方需要明确合作意向，确保理念、目标和利益上的一致性。合作意向的确定需要进行深入的沟通和交流，明确合作的初步框架和方向。

具体实施措施如下。

1.初步接洽

通过正式或非正式的渠道进行初步接洽，了解合作伙伴的需求和意向，初步探讨合作的可能性和可行性。初步接洽阶段，双方可以通过会议、电话、邮件等方式进行沟通，了解彼此的合作需求和初步想法。

2.合作调研

进行详细的合作调研，分析双方的资源、市场、技术等方面的优势和劣势，评估合作的潜在价值和风险。合作调研包括市场调研、技术调研、资源调研等，通过全面的调研，为合作决策提供科学依据。

3.意向协议

在双方达成初步共识后，签订合作意向协议，明确合作的基本框架和方向，为后续的合作奠定基础。意向协议包括合作目标、合作内容、分工安排、时间计划、保密条款等内容，为后续合作提供法律保障。

（二）合作项目规划

确定合作意向后，双方需要进行合作项目规划，明确合作的目标、内容、分工、时间表和预算等具体细节。

具体实施措施如下。

1.项目目标

明确合作项目的具体目标和预期成果，包括产品的设计方向、市场定位、销售目标等。项目目标需要具体、可衡量，并与双方的战略目标相一致，为项目的实施提供明确的方向。

2.项目内容

详细规划合作项目的内容，包括设计、生产、营销等各个环节的工作安排和责任分工。项目内容需要具体到每个环节的任务和责任人，确保项目的每一步都有明确的执行主体。

3.时间表

制定项目的时间表，明确各项工作的时间节点和完成期限，确保项目的有序推进。时间表需要详细到每个任务的开始和结束时间，通过科学的时间管理，确保项目按计划推进。

4.预算编制

编制项目的预算，明确各项工作的经费来源和使用计划，确保项目的资金支持。预算编制需要详细到每一项费用，确保项目的资金使用透明、合理，为项目的顺利实施提供资金保障。

（三）合作协议签订

在项目规划完成后，双方需要签订正式的合作协议，明确合作的法律关系和各自的权利义务，保证合作的顺利进行。

具体实施措施如下。

1.协议内容

合作协议应包括项目目标、内容、分工、时间表、预算、知识产权、保密条款、违约责任等。合作协议的内容需要详细、明确，确保双方的权利和义务清晰，避免合作过程中出现争议。

2.法律审查

对合作协议进行法律审查，确保协议的合法性和可执行性，防范合作过程中可能出现的法律风险。法律审查需要由专业律师进行，确保协议的每一条款都符合法律规定，保障双方的合法权益。

3.协议签署

双方在协商一致的基础上，正式签署合作协议，确立法律效力，为合作的顺利开展提供法律保障。签署合作协议时，双方需要确保协议条款的理解一致，并留存协议的正式文本以备后续查阅和执行。

（四）合作项目实施

在合作协议签订后，双方需要按照项目规划开展具体的合作工作，确保项目按计划推进和完成。

具体实施措施如下。

1.项目启动

组织项目启动会，明确项目的具体任务和要求，调动各方面的资源和力量，确保项目的顺利启动。在项目启动会上，双方需要讨论项目的具体步骤和关键节点，确保所有参与方对项目有统一的理解和预期。

2.资源整合

整合双方的资源，包括技术、设备、人才等，优化资源配置，提高项目的执行效率和质量。资源整合需要双方协作，根据项目的不同阶段和需求，灵活调配各自的资源，实现最优配置。

3.过程管理

加强项目过程管理，定期检查和评估项目的进展情况，及时解决项目实施中出现的问题和困难。过程管理包括进度跟踪、质量检查、风险管理等，通过有效的过程管理，确保项目按照预定计划推进。

4.质量控制

建立严格的质量控制体系，确保合作产品的设计、生产、销售等各个环节的质量，满足市场和消费者的需求。质量控制需要制定详细的标准和流程，进行定期的质量检查和反馈，确保产品的最终质量。

（五）合作成果推广

在合作项目完成后，双方需要共同推广合作成果，通过多种渠道将合作产品推向市场，提升产品的知名度和销售量。

具体实施措施如下。

1.营销策划

制定详细的营销策划方案，明确产品的市场定位、目标客户、推广策略等，确保营销工作的有序开展。营销策划需要综合考虑市场需求、竞争环境、产品特点等因素，制定全面的推广策略。

2.品牌推广

通过品牌联名、广告宣传、媒体报道等方式，提升合作产品的市场曝光度和品牌影响力。品牌推广需要利用多种传播媒介，结合线上线下的推广渠道，全面提升品牌的市场知名度。

3.渠道拓展

利用双方的市场资源和渠道，拓展产品的销售渠道，提高产品的市场覆盖度和销售量。渠道拓展需要灵活运用双方的市场网络，通过线上电商平台、线下零售渠道等多种方式，实现广泛的市场覆盖。

4.消费者互动

通过社交媒体、线下活动等方式，与消费者进行互动，收集消费者的反馈和建议，不断优化和改进产品。消费者互动可以增加品牌的亲和力和忠诚度，通过多样化的互动形式，增强消费者的参与感和归属感。

四、跨界合作的成功要素

（一）理念契合

合作双方在理念上的契合是跨界合作成功的基础。只有在理念和目标上达成共识，才能确保合作的顺利推进和实现双赢。

具体实施措施如下。

1.理念交流

在合作前进行深入的理念交流，了解和认同对方的设计理念和价值观，确保合作的契合度。理念交流需要通过会议、研讨等形式，深入探讨双方的设计理念、品牌价值观等，达成高度共识。

2.共同愿景

明确合作的共同愿景，制定双方都认同的合作目标和方向，为合作的顺利开展提供指引。共同愿景需要双方在项目初期就进行详细讨论，通过达成共同的愿景，确保项目实施过程中目标一致。

（二）资源互补

跨界合作的成功离不开资源的互补。双方需要充分利用各自的资源优势，实现资源的最佳配置和利用。

具体实施措施如下。

1.资源评估

对双方的资源进行全面评估，明确各自的优势和劣势，找出资源互补的切入点。资源评估需要对技术、设备、市场资源、人才等进行详细分析，确保双方在资源上的互补性。

2.资源整合

整合双方的技术、设备、人才、市场资源等，优化资源配置，提高合作的效率和质量。资源整合需要在项目实施过程中不断调整，根据项目的不同阶段和需求，灵活调配各自的资源，实现资源的最优配置。

（三）沟通协调

良好的沟通协调是跨界合作顺利进行的重要保障。双方需要建立有效的沟通机制，及时解决合作过程中出现的问题和分歧。

具体实施措施如下。

1.沟通机制

建立定期沟通机制，通过会议、邮件、电话等方式，及时交流合作进展和存在的问题。沟通机制包括定期的进度汇报、问题反馈机制等，确保合作过程中信息的及时传递和反馈。

2.问题解决

对合作过程中出现的问题和分歧，及时进行沟通和协商，找出解决方案，确保合作的顺利推进。问题解决机制需要灵活应对合作中的各种突发问题，通过有效的协商和沟通，快速找到解决方案。

3.团队协作

加强团队协作，明确各自的责任和任务，形成合力，提高合作的效率和质量。团队协作需要建立明确的任务分工和责任制，通过良好的团队协作，确保项目的高效推进。

（四）创新驱动

创新是跨界合作的核心驱动力。双方需要在合作过程中不断创新，推出具有市场竞争力的设计方案和产品。

具体实施措施如下。

1.创新激励

建立创新激励机制，对提出优秀设计方案和创意的团队和个人进行奖励，激发创新动力。创新激励需要制定详细的奖励机制，通过物质和精神奖励，激发团队和个人的创新积极性。

2.创新培训

提供创新培训和学习机会，提升团队的创新能力和水平，为合作的创新提供支持。创新培训包括专业技能培训、设计思维训练等，通过系统化的培训，提高团队的整体创新能力。

3.创新实践

在合作过程中鼓励大胆创新，通过实验和测试验证创新方案的可行性和实用性，不断优化和改进。创新实践需要通过不断的实验、测试和迭代优化，确保最终的设计方案具有高水平的创新性和实用性。

（五）质量保障

质量是合作产品成功的关键。双方需要建立严格的质量控制体系，确保合作产品的设计、生产、销售等各个环节的质量，满足市场和消费者的需求。

具体实施措施如下。

1.质量标准

制定详细的质量标准和要求，明确各个环节的质量控制目标和措施。质量标准包括设计、生产、检验等各个环节，通过严格的质量标准，确保产品的高质量水平。

2.质量监督

建立质量监督机制，定期检查和评估合作产品的质量情况，及时发现和解决质量问题。质量监督机制需要通过定期的检查和评估，确保各个环节的质量达到标准，及时发现和解决质量问题。

3.质量改进

对合作产品的质量问题进行分析和总结，提出改进措施，不断提升产品的质量水平。质量改进需要通过数据分析和反馈，总结经验教训，提出针对性的改进方案，不断提升产品质量。

通过详细的实施措施和系统的管理，跨界合作可以实现丰富的设计思路、提升产品创新性和市场竞争力，最终实现双赢。跨界合作不仅为文创产品设计带来了机遇，也提供了更大的创新空间。通过有效的合作策略和实施步骤，文创产品设计将不断推陈出新，满足市场和消费者的多样化需求，实现可持续发展。

第三节　现代技术理念，与时俱进

一、现代技术在文创产品设计中的作用

（一）提升设计效率

现代技术的应用确实极大地推动了设计领域的革新，为设计师提供了前所未有的便利并提升了效率。在传统设计中，设计师通常需要借助手工绘图和制作模型来完成设计任务，这不仅需要耗费大量的时间和精力，而且很难确保设计结果的精确性和可靠性。然而，随着现代技术的发展，这些烦琐的步骤逐渐被自动化和数字化的工具所替代，从而极大地提升了设计的效率。

设计软件如Adobe Creative Suite、Auto CAD、Solid Works等，已经成为设计师不可或缺的工具。这些软件提供了强大的绘图和建模功能，使设计师能够更快速地实现自己的创意。平面设计、UI设计、建筑设计、机械设计等设计软件都能为设计师提供丰富的素材库、灵活的编辑工具和精确的渲染效果，使设计过程更加高效、直观和精确。具体应用方面，设计软件能够快速地生成高质量的图纸和模型。设计师可以通过软件中的绘图工具，快速勾勒出设计的大致轮廓和细节，然后通过调整参数和属性来优化设计效果。同时，设计软件还支持多种格式的输出和导入，方便设计师与其他团队成员或客户进行沟通和协作。这种高效的设计方式不仅减少了手工绘图的时间，还提高了设计质量和效率。

另外，3D建模与打印技术的应用也为设计领域带来了革命性的变化。通过3D建模软件，设计师能够创建出复杂的三维模型，并对其进行精确的编辑和修改。这种模型不仅可以用于展示和沟通设计方案，还可以直接用于生产制造。而通过3D打印技术，设计师可以快速地将这些三维模型制作成实体样品，以便进行实际的测试和评估。这种从设计到生产的快速转换过程大大缩短了设计周期，提高了产品的开发效率。

总之，现代技术的应用为设计领域带来了极大的便利并提升了效率。设计师可以更加专注于创意和设计，通过现代技术实现更加高效、精确和可靠的设计。这不仅提高了设计质量和效率，还促进了设计领域的创新和发展。

（二）增强设计表现力

现代技术的飞速发展为设计师带来了前所未有的机遇，赋予了他们更多样的表达工具和媒介，从而极大地提升了设计作品的表现力。这些先进的技术不仅丰富了设计的手段，还使设计作品更加生动、立体，与观众产生更强烈的共鸣。其中，VR和AR技术无疑是现代设计领域中的两颗璀璨明星。它们以其独特的优势，为设计师和观众带来了全新的视觉和感官体验。

VR技术通过构建一个完全虚拟的三维环境，让观众置身于一个全新的世界中。在这个虚拟的环境中，设计师可以充分发挥想象力，将他们的设计理念呈现出来。观众通过佩戴VR设备，可以全方位、多角度地体验设计作品，仿佛置身于一个真实的场景中，获得更加直观、深入的感受。这种沉浸式的体验方式不仅让观众更加深入地了解设计作品的内涵和理念，还为他们带来了前所未有的感官刺激和乐趣。

而AR技术则更加巧妙地将虚拟元素与现实场景相结合。通过AR技术，设计师可以将虚拟的图形、文字、动画等元素叠加到现实场景中，从而增强观众的互动体验和视觉效果。例如，在室内设计领域，设计师可以通过AR技术将虚拟的家具、装饰品等元素放到真实的房间中，让观众直观地看到设计效果。这种实时互动的方式不仅提高了设计效率，还让观众更加深入地参与到设计过程中来。

总之，VR和AR技术为设计师提供了更多的可能性，使他们能够创造出更加丰富、生动、具有互动性的作品。这些先进的技术不仅改变了设计师的工作方式和创作思路，还为我们带来了更加美好的视觉和感官体验。

（三）提供创新的设计思路

现代技术的飞速发展，如同一条奔腾不息的河流，不断地冲刷着设计师传统的思维边界，为他们带来了前所未有的设计思路和创意源泉。这些创新的技术手段，不仅为设计行业注入了新的活力，而且极大地拓展了设计的可能性和边界。

在众多的现代技术中，人工智能（AI）和大数据技术无疑是最为引人注目的。它们如同一对强大的智慧之眼，能够精准地洞察用户的需求和市场趋势，从而为设计师提供极具个性化的设计建议。通过深入的数据分析和机器学习，AI能够迅速识别用户的喜好、习惯和潜在需求，生成一系列符合用户期望的设计方案。这不仅大大提高了设计的效率和精准度，更为设计师带来了无限的创意灵感。

与此同时，生物技术和纳米技术的崛起，也为设计领域带来了革命性的变化。这些先进的技术手段，使设计师能够开发出具有特殊性能的新型材料，为设计注入新的可能性。例如，自修复材料能够在产品受损后自动修复，极大地延长了产品的使用寿命；超轻材料则具有极高的强度和极低的密度，为设计师提供了更多自由发挥的空间。这些新型材料的出现，不仅为设计带来了更多的选择，更为设计师提供了无限的创作空间。

在具体应用方面，AI和新型材料都展现出了巨大的潜力。AI可以通过数据分析和机器学习，为设计师提供个性化的设计建议和优化方案。无论是产品的外观设计、功能布局还是交互体验，AI都能够为设计师提供精准的指导，帮助他们打造更符合用户需求和市场趋势的产品。同时，新型材料的出现也为设计师提供了更多的创作素材。这些具有特殊性能的材料不仅能够为产品增添独特的魅力，还能够为设计师带来更多的创新灵感。

总之，现代技术的不断发展为设计师提供了新的设计思路和创意来源。无论是AI和大数据技术，还是生物技术和纳米技术，都为设计领域带来了巨大的变革。这些先进的技术手段不仅为设计师提供了更多的创作素材和工具，更为他们带来了无限的创意灵感和可能性。

（四）增强用户体验

现代技术不仅从根本上重塑了设计的过程，更是以一种前所未有的方式深刻改变了用户的体验方式。这一变革，得益于智能技术的飞速发展和物联网（IoT）的广泛应用。当这些技术与文创产品相结合时，它们不仅具备了传统产品的基础功能，更增添了与用户进行深度互动的能力，为用户提供更加个性化和智能化的服务。

在智能家居领域，现代技术的引入彻底改变了人们的生活方式。智能家居产品，如智能空调、智能照明等，通过物联网技术，可以与用户的智能手机、平板电脑等设备进行无缝对接和联动。用户只需通过简单的操作，就可以实现远程控制和智能化管理。比如，当用户离家时，可以通过手机App一键关闭家中所有电器，既节省了能源，又确保了安全。而当用户下班回家时，智能家居系统可以自动调整室内温度、光线和背景音乐，为用户营造一个舒适、温馨的家居环境。

除了智能家居，可穿戴设备也是现代技术与文创产品融合的典型代表。这些设备通过内置的传感器和算法，可以实时监测用户的健康数据，如心率、血压、步数等。同时，它们还可以根据用户的身体状况和生活习惯，提供个性化的健康建议和服务。比如，当用户运动量不足时，可穿戴设备可以提醒用户增加运动量；当用户睡眠质量不佳时，设备可以提供改善睡眠的建议。这些服务不仅有助于用户更好地了解自己的身体状况，还能帮助他们养成健康的生活习惯。

总之，现代技术为文创产品带来了无限的可能性。结合智能技术和物联网，文创产品不仅能够提供更加便捷、高效的功能，还能够为用户提供个性化、智能化的服务。这些变革不仅改变了人们的生活方式，也为文创产业的发展注入了新的活力。

二、现代技术在文创产品设计中的应用

（一）3D打印技术

3D打印技术，作为一种革命性的快速成型技术，已经在多个领域展现了其巨大的潜力和价值。其核心理念在于通过逐层叠加材料，实现三维物体的制造。这一技术在文创产品设计中尤其引人瞩目，因其能够创造出复杂而精美的形状和结构，极大地缩短了从设计到生产的周期。

1. 应用领域

（1）艺术品和雕塑

在艺术品和雕塑的创作中，设计师的创意往往受限于传统的制作工艺和材

料。然而，3D打印技术的出现，彻底改变了这一局面。它不仅能够制造出复杂的艺术品和雕塑，还能够精确还原设计师的每一个创意细节。无论是细腻的纹理，还是复杂的结构，3D打印技术都能够轻松实现，为艺术家们提供了更多的创作可能。

（2）珠宝设计

在珠宝设计领域，3D打印技术同样展现了其强大的能力。通过高精度的3D打印设备，设计师可以制作出复杂精细的珠宝，从而提高生产效率和设计自由度。与传统的珠宝制作方式相比，3D打印技术不仅能够大大缩短制作周期，还能够降低生产成本，使珠宝设计更加灵活多样。

2. 应用优势

（1）快速成型

3D打印技术的优势之一在于其能够快速将设计转化为实体样品。这一特性使设计师能够更快速地验证自己的设计思路，并根据实际样品进行调整和优化。同时，对于生产厂商来说，快速成型也意味着更短的产品开发周期和更快的上市时间，从而抢占市场先机。

（2）高精度

除了快速成型，3D打印技术还能够实现高精度的制造。无论是复杂的结构还是精细的纹理，3D打印技术都能够精确地将其复制出来。这种高精度的制造方式不仅保证了产品的细节和质量，还使产品更具艺术性和观赏性。在文创产品设计中，高精度制造也是至关重要的一环，它能够确保设计师的创意得到完美的呈现。

（二）VR和AR技术

1. 应用领域

VR技术以其独特的沉浸式体验而备受瞩目。通过VR技术，用户仿佛置身于一个全新的世界，可以自由地探索、观察，甚至与虚拟环境中的元素进行互动。在文创产品设计领域，VR技术为虚拟博物馆的创建提供了可能。用户无须亲自前往实体博物馆，只需佩戴VR设备，即可在虚拟博物馆中自由穿梭，参观各种展览，获得身临其境般的文化体验。这种沉浸式的体验方式，不仅为用户带来了全新的视觉享受，还使作品更加生动、立体。

而AR技术则是将虚拟元素与真实世界完美融合的代表。它能够在用户的真实视野中叠加虚拟元素，创造出一种混合现实的场景。在文创产品设计领域，AR技术的应用更是广泛。比如，通过AR技术，用户可以在现实环境中进行互动游戏，将虚拟角色、道具等元素融入现实场景中，增强娱乐体验。同时，AR技术还可以用于文创产品的展示和宣传。例如，在博物馆的展品上叠加虚拟解说、动画等元素，让用户在欣赏展品的同时，获得更加丰富、有趣的信息。

2. 应用优势

VR和AR技术的优势在于它们能够提供沉浸式和互动性极强的用户体验。通过这两种技术，作品得以更加生动、立体地呈现给用户，使用户能够更加深入地了解、感受设计作品的内涵和魅力。同时，这种互动性的体验方式也极大地提升了用户的参与感和体验感，使用户能够更加积极地参与到文创产品的创作中。

综上所述，VR和AR技术为文创产品设计领域带来了新的机遇和挑战。它们不仅为设计师提供了更加丰富、多样的表现手段，更为用户带来了前所未有的互动和体验。随着技术的不断发展和完善，相信VR和AR技术将在文创产品设计领域发挥更大的作用。

（三）AI技术

AI技术在文创产品设计中的应用日益广泛。通过数据分析和机器学习，AI技术可以提供个性化的设计建议和优化方案，提高设计的效率和质量。

1. 应用领域

在个性化设计方面，AI技术的引入为设计师打开了一扇全新的窗户。传统的文创产品设计往往依赖于设计师的个人经验和直觉，而AI技术则能够通过深度学习和大数据分析，精准地捕捉和理解用户的个性化需求和偏好。通过智能算法，AI可以分析用户的浏览历史、购买记录、社交互动等信息，从而为用户提供量身定制的设计方案。这种个性化的设计不仅满足了用户的独特需求，也使文创产品更具市场竞争力。

而在智能创作方面，AI技术的表现同样令人瞩目。图像生成、音乐创作等原本需要高度创意和专业技能的领域，现在也可以通过AI技术来实现。例如，AI可以通过学习大量的图像数据，生成具有独特风格和创意的图像作品；在音乐创作方面，AI可以通过分析音乐理论和大量的音乐作品，创作出符合特定风格和情感的音乐作品。这种智能创作的方式不仅提高了创作的效率，也为设计师提供了更多的灵感和可能性。

2. 应用优势

在优势方面，AI技术为文创产品设计带来了诸多便利。首先，数据驱动是AI技术的一大特点。通过对海量数据的分析，AI能够提供科学、精准的设计建议，帮助设计师更好地把握市场趋势和用户需求，提高设计的精准度和个性化。其次，AI技术的自动化特性也极大地提高了设计的效率。许多烦琐、重复的设计任务可以通过AI自动完成，大大减少了设计师的工作量，使他们有更多的时间和精力投入更有价值的创作中去。

总之，AI技术在文创产品设计中的应用正在不断推动这一领域的创新和发展。通过个性化设计和智能创作等方式，AI技术为文创产品设计带来了更多的可能性和机遇。同时，其数据驱动和自动化的优势也使设计过程更加高效、精准和个性化。

（四）新型材料技术

新型材料技术，作为现代科技发展的杰出代表，正以其独特的魅力为文创产品设计领域带来革命性的变化。它如同一座宝藏，为设计师提供了无尽的选择和可能性，让他们的创意自由地飞翔。在生物技术和纳米技术的推动下，新型材料技术不断突破传统材料的局限，带来了众多具有特殊性能的材料。这些材料不仅令人惊叹，更为文创产品设计注入了新的活力和创意。例如，自修复材料，这种材料在受到损伤后能够自我修复，恢复其原有的性能和外观，为产品的耐用性和使用寿命提供了全新的解决方案。而超轻材料，则以其轻盈、坚固的特性，为设计师提供了更多的设计空间，让产品更加轻便、易于携带。

1. 应用领域

在应用领域方面，新型材料技术更是展现了其独特的价值。

首先，环保材料成为当今社会的一大热门。通过新型材料技术，我们可以开发出各种环保、可降解的材料，如生物基塑料、可降解性纸张等。这些材料不仅减少了对环境的污染，还提高了产品的环保性，符合现代社会的绿色消费理念。

其次，功能性材料也为文创产品设计带来了更多的可能。这些材料具备特殊的功能，如防水、防火、自修复等，使得产品具备了更高的实用性和安全性。例如，在户外用品设计中，采用防水、防火材料可以确保产品在恶劣环境下的稳定性和安全性；在智能家居领域，自修复材料可以确保设备在受到损坏后能够自我修复，延长其使用寿命。

2. 应用优势

新型材料技术的优势不仅体现在其多样性和高性能上，更体现在其能够为设计师提供更大的创意空间。多样化的材料选择让设计师可以根据不同的设计需求选择最合适的材料；高性能的材料则能够提升产品的性能和功能，让设计更加出色。同时，新型材料技术还具备可持续性和环保性，符合现代社会的绿色、低碳、环保的发展理念。

总之，新型材料技术为文创产品设计领域带来了无限的可能性。它将为设计师提供更多样化、更高性能的材料选择，为产品的创意和实用性注入新的活力。同时，它也将推动文创产品设计领域向更加环保、可持续的方向发展，为人类社会的美好未来贡献更多的力量。

三、现代技术与文创产品设计结合的策略

（一）加强技术研究与开发

企业在追求长远发展的道路上，应坚定地将目光聚焦于现代技术的研究与开发上，深入挖掘新技术在文创产品设计领域的无限可能。这不仅是提升产品竞争力的关键，更是增强市场吸引力的有效途径。

1. 研发投入的深化

企业应当加大对现代技术的研发投入，确保资金和技术人才充足。这不仅需要企业高层领导的高度重视和决策支持，还需要整个企业内部的协同努力。具体而言，企业可以：

（1）设立专项资金

在年度预算中，为现代技术的研发设立专项资金，确保资金的充足和稳定。同时，建立健全的资金使用监管机制，确保每一分钱都花在刀刃上。

（2）组建专业团队

建立一支专业的技术研发团队，汇聚业界精英，共同探索新技术在文创产品设计中的应用。这个团队应当具备深厚的专业知识、丰富的实践经验和敏锐的创新意识。

（3）鼓励创新氛围

在企业内部营造一种鼓励创新、包容失败的文化氛围，让每一个员工都敢于尝试、敢于创新。同时，建立激励机制，对在技术研发中作出突出贡献的员工给予表彰和奖励。

2. 技术合作的加强

与技术公司、高校和研究机构的合作是企业提升技术水平和创新能力的重要途径。通过与这些机构的合作，企业可以：

（1）共享资源

与技术公司、高校和研究机构共享技术资源、人才资源和设备资源，降低研发成本，提高研发效率。

（2）交流经验

与技术公司、高校和研究机构开展技术交流与合作，学习他们的先进经验和技术成果，不断提升自身的技术水平和创新能力。

（3）拓展视野

通过与不同领域的机构合作，企业可以拓展视野，了解行业发展趋势和市场需求变化，为文创产品的设计提供更多元化的思路和灵感。

总之，企业应加大对现代技术的研究与开发投入，积极探索新技术在文创产品设计中的应用。通过技术创新，提升产品的竞争力和市场吸引力。同时，加强与科技公司、高校和研究机构的合作，共同推动文创产业的繁荣发展。

（二）促进跨领域的合作

跨领域的合作无疑是现代技术与文创产品设计领域交汇融合的一座重要桥梁。这种合作不仅为设计师打开了新的空间，更为文创产品的创新与发展注入了源源不断的动力。当谈论跨领域合作时，实际上是在探讨如何将不同领域的智慧、技术和资源进行有效整合，创造出既具有艺术价值又具备市场竞争力的文创产品。

首先，这种合作给设计师带来了前所未有的技术支持。现代技术的飞速发展，为文创产品设计提供了更多的可能性和创新空间。通过与不同领域的企业和专家合作，设计师可以获得最新的技术动态，了解最新的技术发展趋势，从而将这些技术应用到文创产品的设计中，使其更加符合现代审美和市场需求。

其次，跨领域合作还为设计师带来了丰富的创新资源。不同领域的企业和专家，往往拥有各自的专业知识和经验。通过合作，设计师可以借鉴这些专业知识和经验，将其融入文创产品的设计中，从而创造出更加独特、新颖的产品。这种创新资源的共享，不仅可以提升设计师的创新能力，还可以为文创产品市场注入新的活力。

在跨领域合作的过程中，需要采取一些措施来确保合作的顺利进行。

首先，可以利用行业协会、展览会、论坛等平台，寻找潜在的合作伙伴。这些平台汇聚了众多来自不同领域的企业和专家，提供了广阔的交流和合作空间。通过参加这些活动，可以与潜在的合作伙伴建立联系和沟通渠道，为后续的合作打下良好的基础。

其次，可以开展联合研发活动。联合研发是跨领域合作的一种重要形式，它可以使不同领域的企业和专家共同探索现代技术在文创产品设计中的应用。在联合研发的过程中，可以共同制订研发计划、分享技术成果、交流设计经验等，从而加速技术的创新和应用，推动文创产品的升级换代。

总之，跨领域的合作是现代技术与文创产品设计结合的重要途径。通过与不同领域的企业和专家合作，可以获得更多的技术支持和创新资源，提升设计水平和产品竞争力。

（三）推动技术的市场化应用

企业应积极推动现代技术的市场化应用，这是一项至关重要的战略举措，旨在通过技术创新和精准的市场推广，进一步提升产品的市场竞争力和用户认可度。

首先，企业需要投入足够的人力和资源，进行详尽而深入的市场调研。这包括了解目标用户的需求、偏好和购买行为，以及行业内的最新技术趋势和市场动态。只有全面了解市场，企业才能制定出科学、精准的市场推广策略。在市场调研的基础上，企业需要制定一套完整的市场推广策略。

其次，产品推广是实施市场推广策略的关键环节。企业需要通过多种渠道进行产品推广，包括线上和线下的各种媒体平台、行业展会、合作伙伴等。在推广过程中，企业需要注重产品的特色和优势，以及用户体验和口碑建设。通过不断的推广和宣传，企业可以提高产品的市场知名度和用户认知度，进而吸引更多的潜在用户。除了传统的推广方式，企业还可以借助现代技术手段进行产品推广。此外，企业还可以通过社交媒体、短视频等新兴媒体平台，与用户进行互动和交流，提高用户的参与度和黏性。

在市场推广的过程中，企业还需要注重产品的质量和售后服务。只有具备高品质的产品和完善的服务体系，才能赢得用户的信任。因此，企业需要加强产品的研发和生产管理，确保产品质量的稳定性和可靠性。同时，企业还需要建立完善的售后服务体系，及时解决用户在使用过程中遇到的问题和困难。

总之，企业应积极推动现代技术的市场化应用，通过技术创新和精准的市场推广，提升产品的市场竞争力和用户认可度。这不仅是企业实现可持续发展的关键，也是推动整个行业进步和发展的重要力量。

（四）推动跨文化合作

现代技术与文创产品设计的结合，不仅仅是一个简单的技术运用过程，更是一种深度的文化交融和创新的展现。在这个全球化的时代，跨文化合作成为推动这种结合的重要力量，它不仅能够促进不同文化之间的交流和融合，还能极大地丰富设计的内涵和表现形式，使文创产品更具国际视野和多元文化的魅力。

在跨文化合作中，文化交流项目是一个重要的实践。企业可以积极组织和参与各种文化交流项目，如设计展览、研讨会、工作坊等，邀请来自不同国家和地区的设计师和艺术家参与。这些项目为设计师提供了一个学习、交流的平台，让他们能够深入了解不同文化背景下的设计理念、技术运用和市场需求。通过共同探索现代技术在不同文化背景下的应用，设计师可以打破传统的设计界限，创造出更具创新性和国际化的文创产品。

除了文化交流项目，国际合作也是推动现代技术与文创产品设计结合的重要途径。企业可以与国际设计机构和文化组织建立长期合作关系，共同研发新产品、新技术和新材料。这种合作方式可以引进先进的技术和设计理念，为企业的产品研发提供有力的技术支持和创新灵感。同时，通过与国际设计机构和文化组织合作，企业还能够更好地了解国际市场的需求和趋势，提升产品的国际竞争力。

在跨文化合作中，企业还需要注重本土文化的传承和发扬。虽然现代技术和国际设计理念为文创产品设计带来了更多的可能性，但本土文化仍然是设计的重要灵感来源。企业应该在借鉴国际先进经验的同时，注重挖掘和传承本土文化的精髓，将其与现代技术相结合，创造出具有独特魅力和文化内涵的文创产品。这不仅能够满足消费者对高品质、个性化产品的需求，还能够推动本土文化的传承和发展。

总之，现代技术与文创产品设计的结合需要跨文化合作的推动和支持。通过文化交流项目和国际合作等方式，企业可以引进先进的技术和设计理念，促进不同文化之间的交流和融合，丰富设计的内涵和表现形式。同时，企业还需要注重本土文化的传承和发扬，将现代技术与本土文化相结合，创造出具有独特魅力和文化内涵的文创产品。

（五）构建创新生态系统

企业应构建一个全面且充满活力的创新生态系统，这一生态系统囊括了技术、设计、市场以及文化等多维度的关键要素。这个系统不仅促进了现代技术与文创产品设计的深度融合，更为企业的可持续发展奠定了坚实基础。

1. 生态系统建设

为了构建一个生态系统，企业首先需要设立创新中心，这里将汇集各类创新资源，如科研人员、设计师、市场专家等，共同为新技术、新产品的诞生贡献力量。同时，企业还应建立技术孵化器，为初创企业和创新项目提供资金、场地、导师等资源，助力其快速成长。

在创新中心，企业可以设立多个实验室和工作室，用于技术研发、产品设计、市场测试等工作。这些实验室和工作室将实现资源的共享和高效利用，为创新项目提供从创意到成果转化的全流程支持。

此外，企业还应加强与其他创新主体的合作，如高校、科研机构、行业协会等，共同构建一个开放、协同、共享的创新网络。这将有助于企业获取更多的创新资源，提高创新效率，推动整个生态系统的繁荣发展。

2. 产业链整合

在创新生态系统的基础上，企业还需要进行产业链的整合。通过整合上下游产业链资源，企业可以实现技术、材料、设计、生产、销售等环节的无缝衔接，提高整体效率和竞争力。

首先，企业可以与上游供应商建立紧密的合作关系，确保原材料的稳定供应和质量可控。同时，企业还可以与下游销售商建立合作关系，拓展销售渠道，提高产品的市场覆盖率。

其次，在设计和生产环节，企业可以引入先进的设计理念和生产技术，提高产品的附加值和竞争力。同时，企业还可以加强质量管理，确保产品质量的稳定和可靠。

最后，在销售环节，企业可以运用现代营销手段，如社交媒体、大数据分析等，精准定位目标市场，制定有效的营销策略，提高产品的知名度和美誉度。

通过产业链整合，企业可以实现资源的优化配置和价值的最大化，提高整体运营效率和竞争力。同时，这也有助于企业应对市场变化和竞争压力，保持持续的创新能力和市场竞争力。

现代技术在文创产品设计中的应用，不仅改变了设计的工具和方法，还提供了新的表达形式和用户体验。通过与时俱进的现代技术理念，设计师可以突破传统设计的限制，创造出更加多样化和富有创意的产品。在未来，现代技术将在文创产品设计中发挥更大的作用，推动文创产业的创新和发展。通过加强技术研究与开发、促进跨领域的合作、推动技术的市场化应用、加强技术培训与人才培养、推动跨文化合作、构建创新生态系统，企业可以实现现代技术与文创产品设计的深度融合，提升产品的竞争力和市场吸引力，实现可持续发展。

第四节　展开市场调研，走近大众

一、市场调研的重要性

（一）了解消费者需求

市场调研在设计师的工作中扮演着至关重要的角色，它不仅为设计师提供了与消费者直接对话的机会，还帮助设计师深入理解并洞察消费者的内心需求、审美偏好以及购买决策背后的逻辑。这一过程不仅限于数据的收集，更在于对数据深层含义的挖掘和分析。

市场调研是连接设计师与消费者的桥梁。设计师通过市场调研，可以精准地了解消费者对于产品功能、设计风格、使用体验等方面的具体要求。例如，消费者可能希望某个产品具有更人性化的交互设计，或者他们可能更偏爱某种特定的颜色搭配。这些具体而细微的需求，通过市场调研，可以被设计师一一捕捉并融入设计方案中，从而大大提高设计的针对性和有效性。

（二）分析市场趋势

市场调研不仅仅是对当前市场状况的一种简单了解，更是对市场深层动态、消费者需求以及未来发展趋势的一种深入洞察。这种深入的了解与分析，为企业在激烈的市场竞争中制定长期、稳定且具有前瞻性的发展战略提供了依据。

具体来看，市场调研的意义体现在两个方面：

1.市场细分

通过市场调研，企业能够清晰地看到不同细分市场的特点和需求。例如，针对某一消费群体，他们的年龄、性别、职业、地域、消费习惯等都是市场细分的重要维度。企业可以基于这些维度，深入了解消费者的真实需求，从而制定更加精准、细化的市场策略。这种策略不仅能够满足消费者的需求，更能够提升企业的市场竞争力。

2.竞争分析

在激烈的市场竞争中，了解竞争对手的产品、价格、渠道、促销等策略，对于企业来说至关重要。通过市场调研，企业可以了解竞争对手的优劣势，找到自身的市场定位，并制定针对性的市场策略。这种策略不仅能够帮助企业在竞争中保持优势，更能够为企业找到新的市场机会，实现快速增长。

（三）验证设计假设

市场调研可以帮助设计师验证设计假设，确保设计方案符合市场需求和消费者期望，降低设计和生产的风险。

1. 设计优化

市场调研为设计师提供了一个直接了解市场和消费者需求的窗口。通过收集和分析用户反馈，设计师能够更准确地把握用户的喜好、习惯和需求，从而有针对性地对设计方案进行优化。这种优化不仅体现在产品的外观、功能等显性层面，更深入用户体验、交互逻辑等隐性层面。通过不断迭代和改进，设计师能够打造出更符合市场需求、更受用户欢迎的作品，从而提高设计质量和用户满意度。

在设计优化的过程中，市场调研还能够帮助设计师发现潜在的市场机会。通过对市场趋势、竞争对手的分析，设计师能够洞察未来市场的走向和消费者的新需求，从而提前布局、抢占先机。这种前瞻性的设计思维不仅有助于提升设计师的竞争力，还能够为企业创造更大的商业价值。

2. 风险控制

市场调研在降低设计和生产风险方面发挥着重要作用。通过市场调研，设计师能够提前发现和解决设计中可能存在的问题，减少设计失误和生产浪费。这不仅能够降低企业的风险和成本，还能够提高产品的质量和竞争力。

具体来说，市场调研可以帮助设计师了解用户对产品功能的期望、对价格的接受程度等信息。这些信息对于设计师来说至关重要，因为它们直接影响到产品的市场接受度和盈利能力。如果设计师没有充分考虑这些因素，可能会出现产品设计不符合市场需求、价格定位不合理等问题，从而给企业带来损失。而通过市场调研，设计师能够更准确地把握这些信息，从而制定出更符合市场需求的设计方案。

二、市场调研的方法

（一）问卷调查

问卷调查是市场调研中常用的方法之一，通过设计详细的问卷，收集消费者的需求和偏好数据。

1.问卷设计

问卷设计的环节是问卷调查的基石，它决定了设计师能否收集到准确、有效的数据。在设计问卷时，首先要明确调查的目的和所希望解决的问题。基于这些目的和问题，设计师需要设计出一系列的问题，这些问题应该简洁明了，避免使用过于复杂或模糊的词汇，以便受访者能够轻松理解并给出真实的回答。问题类型可以多样化，包括选择题、开放题、量表题等，以满足不同的调查需求。此外，为了增加问卷的吸引力，我们还可以加入一些与受访者日常生活紧密相关的话题，激发他们的参与热情。

2.样本选择

样本的选择直接影响到调查结果的准确性和可靠性。在选择样本时，设计师需要考虑样本的代表性、多样性和广泛性。为了确保样本的代表性，需要根据调查的目的和主题，选择与目标群体特征相符的受访者。同时，还需要注意样本的多样性，避免因为样本过于单一而导致调查结果失真。此外，为了确保样本的广泛性，设计师可以采用多种抽样方法，如随机抽样、分层抽样、整群抽样等，以覆盖更广泛的受访群体。

3.数据分析

当问卷收集完毕后，就要对数据进行深入的分析。数据分析是问卷调查的核心环节之一，它能够帮助设计师挖掘出数据背后的规律和趋势。在数据分析过程中，设计师需要借助统计分析软件，对收集到的数据进行整理、分类、统计和可视化。通过对数据的深入分析，可以得出有价值的结论和建议，为企业决策提供有力的支持。这些结论和建议可能涉及产品改进、市场策略调整、消费者需求变化等多个方面，对企业的发展具有重要的指导意义。

（二）焦点小组

焦点小组是通过构建一个集中的讨论环境，深入理解消费者对于产品设计的真实看法和感受。这种方法的独特之处在于其互动性，允许设计师直接观察并收集消费者在特定情境下的反应和意见。

在具体实施步骤上，焦点小组的研究过程可以细分为以下几个关键环节。

首先是小组组建。在这个阶段，研究者需要精心挑选参与者，确保他们具有代表性，能够反映目标市场的多样性。这通常需要考虑消费者的年龄、性别、职业、收入水平、地理位置等因素，以确保小组内成员的背景和观点具有广泛的覆盖性。同时，为了鼓励开放和真实的讨论，小组的规模通常被控制在一定范围内，以便每个成员都有机会充分表达自己的观点。

其次是引导讨论。在这个阶段，专业主持人的角色至关重要。他们不仅需要具备丰富的专业知识和经验，还需要具备出色的沟通技巧和应变能力。主持人会提出一系列有针对性的问题，引导小组成员就产品设计展开深入的讨论。这些问题通常围绕产品的功能、外观、使用体验等方面展开，旨在激发小组成员思考和讨论。同时，主持人还需要密切关注讨论的氛围和节奏，确保讨论能够顺利进行，避免偏离主题。

最后是记录分析。在小组讨论过程中，研究人员会对讨论内容进行详细记录，包括每个成员的发言内容、表情、语气等。这些记录将成为后续分析的重要依据。在记录完成后，研究人员会对这些记录进行深入的分析和提炼，寻找出其中具有代表性和普遍性的意见和建议。这些意见和建议将为产品设计提供宝贵的参考和启示，帮助设计师更好地理解消费者的需求和期望，从而设计出更符合市场需求的产品。

（三）用户体验测试

用户体验测试是验证设计方案直观而有力的手段。这一过程的核心在于让用户亲自参与，实际体验产品，并收集他们宝贵的反馈和建议。通过这样的方式，更加精准地确定用户需求，为产品的进一步优化提供依据。

在实施用户体验测试时，首先要进行周密的准备。包括精心选择具有代表性的用户，确保他们的背景、需求和习惯能够覆盖目标用户群体的主要特征。同时需要准备测试所需的产品和场景，确保测试环境的真实性和代表性。例如，测试的是一款移动应用，需要准备不同型号和操作系统的手机，以模拟真实用户的使用环境。

测试执行阶段是整个过程中最为关键的环节。在这个阶段，需要让用户在真实的环境中使用产品，并仔细观察他们的使用行为和反应。同时记录用户使用的每一个细节，包括他们遇到的问题、提出的建议以及他们的整体满意度等。这些数据将成为后续数据分析的依据。

在数据分析阶段，要对用户反馈的数据进行深入的分析和挖掘。通过统计、对比和归纳等，发现设计中的问题和不足，并提出相应的改进建议。这些建议将直接指导后续的设计工作，从而不断优化设计方案，提升产品的用户体验。

（四）大数据分析

大数据分析的核心在于运用前沿的数据技术来解读海量的市场数据，从而洞察市场的深层规律和发展趋势，为产品设计、市场策略等提供科学依据。

数据收集是大数据分析的第一步，也是基础中的基础。通过多元化的渠道，如社交媒体、电子商务平台、消费者反馈等，全面收集市场的各类数据。社交媒体上的用户行为、讨论热点、情感倾向，电子商务平台上的销售数据、用户评价、浏览记录，以及消费者直接反馈的意见和建议，都是市场数据的重要来源。通过收集这些数据，能够构建出一个全面、立体的市场画像。

接下来是数据处理，这是一个关键且复杂的环节。利用专业的数据分析软件，对收集到的原始数据进行清洗、整理。数据清洗包括去除重复数据、修正错误数据、处理缺失数据等，以确保数据的准确性和一致性。数据整理则是将清洗后的数据按照特定的格式和结构进行组织，便于后续的分析。此外，还需要对数据进行适当的处理，如标准化、归一化等，以提高数据分析的效率和准确性。

进入数据分析阶段是大数据分析的核心，也最能体现其价值。通过数据挖掘和统计分析等高级技术，深入探索市场数据的内在规律，发现隐藏的市场趋势和商机。数据挖掘技术能够识别出数据中的模式、关联和异常，从而揭示市场的深层结构和运行机制。统计分析则通过运用各种统计方法和模型，对市场数据进行量化分析，为决策提供科学的依据。

在数据分析的过程中，还需要注意以下几点：一是要确保数据的代表性，即收集到的数据应真实反映市场的整体情况；二是要关注数据的时效性，即及时更新数据，反映市场的最新动态；三是要注重数据的可视化表达，即将分析结果以直观、易懂的方式呈现出来，便于理解和应用。

三、市场调研中存在的挑战及解决策略

（一）数据获取难度大

市场调研在任何一个行业或领域都是至关重要的环节，因为它能够帮助企业洞察市场动态，理解消费者需求，并据此做出更为精准的决策。然而，在这个过程中，如何获取准确和全面的数据往往是不小的挑战。这主要是因为消费者的需求和偏好在不断变化，他们可能在不同的时间、不同的场合、不同的平台上展现出不同的消费行为和态度。这使数据的收集和分析变得尤为复杂和困难。

首先，为了应对这一挑战，可以采取多渠道数据收集的方式。这种方式的好处在于，它能够覆盖更多的消费者群体，收集到更为多样和全面的数据。具体

来说，可以通过设计问卷调查，直接询问消费者的需求和偏好；通过用户访谈，深入了解他们的消费动机和心理；通过社交媒体，观察他们在网络上的言论和行为，以获取更为真实的反馈；通过电子商务平台，分析他们的购买记录和行为数据，以了解他们的消费习惯和偏好。这些渠道的数据收集方式各有利弊，但结合使用可以互为补充，从而获取更为全面和准确的数据。

其次，可以采用一些技术手段来辅助解决这一挑战。大数据和人工智能技术不断发展，可以利用这些技术手段来提高数据收集和分析的效率和准确性。例如，可以通过大数据分析技术，对收集到的海量数据进行深度挖掘和分析，发现其中的规律和趋势；通过人工智能技术，对消费者的行为和言论进行智能识别和分析，以获取更为精准和深入的消费者洞察。这些技术手段的应用不仅可以提高数据处理的效率，还可以减少人为因素的干扰和误差，从而提高数据的准确性和可靠性。

总之，市场调研中如何获取准确和全面的数据是一个难题，但只要采取正确的策略和方法，就能够克服这一挑战。通过多渠道数据收集和技术手段辅助，可以获取更为全面和准确的数据，为企业的发展提供有力的支持。

（二）消费者参与度低

在市场调研方面，消费者的参与度往往是一个令人头疼的问题。由于时间紧迫、兴趣缺乏或调研方式不妥等，许多消费者不愿参与市场调研，这无疑严重影响了调研数据的代表性和准确性。

当深入探讨这个问题时，可以发现，消费者的参与度不仅仅是一个数字问题，更关乎市场研究的质量。一个低参与度的调研，往往意味着数据具有片面性、主观性和误导性，从而影响企业决策的正确性和有效性。

为了解决这一问题，可以采用激励机制和便捷调研方式。

首先，激励机制在提升消费者参与度方面发挥着不可或缺的作用。精心设计的小礼品、优惠券等奖励措施，可以有效激发消费者的参与热情。这些奖励不仅能够满足消费者的物质需求，更重要的是，它们代表着企业对消费者意见和建议的高度重视，可以增强消费者的归属感和认同感。当消费者感受到自己的声音被倾听和尊重时，自然会更加积极地参与到市场调研中来。

其次，便捷调研方式也是提高消费者参与度的重要手段。随着移动互联网的普及和发展，线上问卷、手机应用等调研方式逐渐成为市场调研的主流。这些方式不仅降低了调研的参与门槛，使消费者能够随时随地参与调研，还通过丰富的交互设计和智能推送功能，提高了调研的趣味性和互动性。当消费者能够以更加轻松、愉悦的方式参与到市场调研中时，他们的参与度和响应率自然会显著提升。

（三）数据分析难度大

市场调研中，涉及的数据量往往庞大而复杂，这种复杂性不仅体现在数据的多样性上，还表现在数据的来源、格式以及潜在的关联性等多个维度。这样的数据特性使数据分析的难度大大增加，尤其是在快速变化的市场环境中，数据的时效性也成为一个重要的考量因素。如果数据分析不够深入或者方法不当，很容易导致结论不准确，甚至误导决策方向。

针对这一挑战，可以采取以下两种策略确保数据分析的准确性和高效性。

首先，利用专业的数据分析工具和软件。这些工具通常具备强大的数据处理能力，可以快速清洗、整合和转换各种格式的数据，为后续的分析工作奠定坚实的基础。同时，它们还提供了丰富的数据分析方法和模型，如数据挖掘、预测分析、关联分析等，可以深入挖掘数据背后的价值，发现市场趋势和机会。利用这些工具，可以大大提高数据分析的效率和准确性，为设计决策提供有力的数据支撑。

其次，组建专业的数据分析团队。一个专业的数据分析团队应该具备深厚的统计学、数学和计算机科学等学科知识背景，同时还应具备丰富的行业经验和市场洞察力。这样的团队能够准确理解业务需求，选择合适的数据分析方法和技术手段，确保数据分析的科学性和准确性。此外，团队成员之间的协作和沟通也至关重要，通过共同讨论和分享经验，可以不断优化数据分析流程和结果，为设计决策提供更加可靠和全面的依据。

（四）市场环境变化快

市场环境和消费者需求是商业世界的两大重要驱动力，它们无时无刻不在发生变化，为企业的生存和发展带来了极大的挑战。特别是在当今这个信息爆炸的时代，市场环境的变化更为迅速，消费者需求也更为多样化和个性化，这使市场调研的时效性和准确性成为企业不得不面对的重要问题。

为了解决这一问题，企业首先需要建立一种动态的市场调研机制。这种机制要求企业不仅仅要在产品上市前进行市场调研，而且要定期、持续地进行市场调研，以便及时获取最新的市场数据和信息。同时，这种机制还需要具备高度的灵活性和适应性，能够根据不同的市场情况和需求变化，灵活调整调研的方式和内容，以确保调研结果的准确性和有效性。

具体来说，动态的市场调研机制可以包括以下几个方面。

首先，定期收集和分析市场数据。企业可以通过各种途径，如问卷调查、访谈、网络数据等，定期收集和分析市场数据，了解市场的整体趋势和消费者需求的变化。这些数据可以为企业提供重要的决策依据，帮助企业更好地把握市场机遇。

其次，跟踪市场变化。企业需要密切关注市场的动态变化，包括竞争对手的动态、政策法规的变化、新技术的发展等。通过对这些变化的跟踪和分析，企业可以及时调整自身的战略，以适应市场的变化。

最后，与消费者保持沟通。企业需要与消费者保持密切的沟通和联系，了解他们的需求和反馈。这可以通过各种渠道实现，如社交媒体、客服热线、线下活动等。通过与消费者的沟通，企业可以更准确地把握消费者的需求变化，为产品设计和改进提供有力的支持。

在建立了动态的市场调研机制之后，企业还需要根据市场调研的结果灵活调整设计策略和产品规划。具体来说，这包括以下几个方面。

首先，及时调整产品设计和功能。根据市场调研的结果，企业可以发现消费者对于产品的需求和偏好。因此，企业需要及时调整产品的设计和功能，以满足消费者的需求和期望。如果消费者对于产品的某些功能不感兴趣或者使用率较低，企业可以考虑去掉这些功能或者进行改进；如果消费者对于某些新的功能有强烈的需求，企业则可以考虑将这些功能加入产品中。

其次，灵活制定产品定价策略。市场环境和消费者需求的变化也会影响产品的定价策略。因此，企业需要根据市场调研的结果灵活制定产品定价策略，以确保产品的价格具有竞争力并且满足消费者的需求。例如，在市场需求旺盛的情况下，企业可以适当提高产品的价格以获取更高的利润；在市场需求疲软的情况下，则需要通过降低价格或者提供优惠活动等方式来刺激消费者的购买欲望。

最后，快速响应市场变化和消费者需求。市场环境和消费者需求的变化往往是非常快的，因此企业需要具备快速响应的能力。当市场出现新的变化或者消费者出现新的需求时，企业需要迅速做出反应并调整自身的战略。例如，当竞争对手推出新的产品或者采用新的营销策略时，企业需要迅速评估其影响并采取应对措施；当消费者对于产品的某些方面提出投诉或者建议时，企业需要迅速解决问题并改进产品以满足消费者的需求。

总之，建立动态的市场调研机制，灵活应对市场变化和消费者需求，是企业应对市场环境和消费者需求变化的重要手段。通过收集和分析市场数据、跟踪市场变化、与消费者保持沟通以及灵活调整设计策略和产品规划等方式，企业可以更好地把握市场机遇并满足消费者的需求，从而在激烈的市场竞争中立于不败之地。

四、市场调研的创新方法

（一）社交媒体调研

社交媒体平台在现代市场调研中占据了举足轻重的地位，它们不仅提供了企业获取市场信息的便捷途径，更是企业洞察用户需求和偏好的重要窗口。通过深入分析社交媒体上的用户行为和反馈，企业能够挖掘出丰富的市场信息和用户数据，为产品优化、市场策略制定提供有力支持。

在具体应用方面，社交媒体平台为市场调研提供了多种手段和方法。

首先，社交聆听是一项重要的技术。运用社交聆听工具，企业能够实时监测和分析社交媒体上用户的讨论和反馈，捕捉到他们对产品或服务的真实声音。这种方法不仅能够帮助企业了解用户的需求和偏好，还能够及时发现市场中的潜在机会和威胁，为企业制定市场策略提供有力依据。

其次，互动调研是社交媒体平台在市场调研中的一大亮点。通过在社交媒体平台发布调研问卷和互动活动，企业能够直接收集用户的意见和建议，提高调研的参与度和数据的代表性。这种调研方式不仅具有成本低、效率高的优点，还能够增加用户与企业的互动和黏性，提升品牌形象和用户忠诚度。

在社交聆听和互动调研的过程中，企业需要注意保护用户隐私和数据安全。同时，还需要对收集到的数据进行科学的分析和处理，以提取有价值的信息。只有这样，企业才能充分利用社交媒体平台在市场调研中的优势，为企业的长期发展提供有力支持。

（二）移动调研

移动设备的普及为市场调研提供了新的方式和渠道。通过移动调研，企业可以更加便捷地收集用户数据和反馈，提高调研的效率和准确性。

在过去，市场调研往往需要用户填写纸质问卷或通过网络平台进行，这不仅限制了用户的参与时间和地点，还可能因为烦琐的流程而降低问卷的响应率。然而，随着移动设备的普及，企业可以通过手机应用和短信等方式，轻松发布调研问卷。用户只需在闲暇时间，轻轻一点，便能参与调研，大大提升了问卷的便捷性和用户参与的积极性。同时，由于移动设备可以随时随地使用，企业可以更加灵活地安排调研时间，确保问卷在目标用户群体中的广泛覆盖。这种高效、便捷的调研方式，不仅提高了问卷的响应率，还有助于企业更准确地了解用户需求和市场动态。

另外，移动设备通常具备定位功能，因而企业能够实时追踪用户的行为轨迹和位置数据。通过分析这些数据，企业可以深入了解用户的消费习惯和偏好。例如，企业可以分析用户在商场、超市等场所的停留时间和移动轨迹，从而推断出用户的购物习惯和偏好。同时，企业还可以根据用户的位置数据，精准推送相关的优惠信息和产品推荐，提高营销效果。这种基于位置数据的分析方式，不仅有助于企业更准确地把握市场动态和用户需求，还有助于企业制定更加精准的营销策略。

（三）VR调研

VR技术为市场调研领域带来了革命性的变化，它为企业提供了一种全新的、更为深入的用户互动和体验方式，从而收集到更为真实、详尽且有针对性的用户反馈。

在传统的产品测试过程中，企业往往需要生产出实际的产品，供用户试用和评价。然而，这种方式不仅成本高、周期长，而且往往受到物理条件的限制，难以完全模拟真实的使用环境。而通过VR技术，企业可以轻松地构建一个虚拟的、与现实世界高度相似的测试环境，用户只需佩戴VR设备，就可以在这个环境中自由地体验产品，并给出自己的反馈。这种方式不仅降低了成本，缩短了周期，而且能够模拟出各种复杂的、真实的使用场景，使用户反馈更加真实、详尽。此外，企业还可以根据用户的反馈，实时地对虚拟产品进行修改和优化，从而更快地满足市场需求。

传统的市场调研往往采用问卷调查、访谈等方式，这些方式虽然能够收集到一定的用户数据，但往往难以了解用户的真实感受和需求。而通过VR技术，企业可以构建出一个沉浸式的、与用户生活密切相关的调研场景，用户在这个场景中可以像在现实中一样进行各种活动，从而更加自然地表达自己的需求和想法。这种方式不仅可以提高用户的参与感和投入度，使调研数据更加真实、可靠，而且可以帮助企业更加深入地了解用户的心理和行为，为产品的设计和优化提供更加有力的支持。

（四）大数据和人工智能

大数据和人工智能技术，无疑为市场调研领域带来了巨大的变革。它们作为两大核心驱动力，为企业提供了前所未有的机遇，使市场调研的广度和深度都得到了极大的拓展。通过精细的大数据分析和智能的人工智能算法，企业可以轻松地从海量的数据中提炼出那些隐藏的、真正有价值的信息，从而极大地提高市场调研的科学性和准确性。

具体来看，大数据和人工智能技术在市场调研中的应用主要体现在以下两个方面。

1.数据挖掘

这是大数据技术的核心应用之一。传统的市场调研受限于数据的数量和来源，很难对市场有全面、深入的了解。而现在，利用大数据技术，企业可以轻松地收集和分析来自多种渠道的数据，如社交媒体、电商平台、用户反馈等。通过对这些数据的深入挖掘，企业可以发现市场中的新趋势、新机会，以及用户的真实需求和行为规律。这不仅有助于企业更好地了解市场，还能为企业的产品开发和营销策略提供有力的支持。

2.AI数据分析

在数据挖掘的基础上，人工智能算法可以对这些海量数据进行更深入的分析和预测。通过机器学习、深度学习等先进技术，AI可以自动地识别数据中的模式和规律，预测未来的市场趋势和用户需求。这种预测不仅更加精准，而且更加及时，可以为企业提供及时的决策支持。此外，AI还可以自动对市场数据进行分类和整理，帮助企业快速地识别出有价值的信息，从而提高市场调研的效率和质量。

五、市场调研的实际应用策略

（一）针对不同阶段的调研策略

市场调研在产品开发的不同阶段发挥着不同的作用，企业应根据不同阶段的需求制定相应的调研策略。

在产品开发的初期，市场调研侧重于对市场需求和竞争状况的深入了解。通过收集和分析市场数据，企业可以洞察消费者的真实需求，了解他们的消费习惯、购买意愿以及对产品的期望。同时，对竞争对手的产品进行深入剖析，可以了解他们的产品优势、劣势以及市场策略，为企业的产品定位和设计提供有利的参考。

进入产品设计和开发阶段，此时的市场调研不仅关注市场需求，还侧重于验证设计方案的可行性。企业可以通过用户访谈、问卷调查等方式，收集用户对设计方案的反馈和建议，了解用户对产品功能的真实需求和使用习惯。这些反馈对于设计师来说至关重要，它们可以帮助设计师不断优化产品设计，提高产品的用户体验和市场竞争力。

在产品上市前，市场调研主要关注用户的最终反馈和市场反应。企业可以通过预售、试销等方式，将产品推向市场，观察用户的使用情况和反馈意见。同时，通过收集和分析销售数据、市场份额等信息，企业可以了解产品在市场上的表现和用户接受度。这些信息对于制定上市和推广策略至关重要，它们可以帮助企业确定产品的定价策略、推广渠道和宣传重点，从而确保产品能够顺利上市并取得成功。

（二）综合运用多种调研方法

市场调研方法多种多样，每一种方法都有其独特的优势和适用场景。为了确保调研数据的全面性和准确性，企业应综合运用多种调研方法，以更全面地了解市场需求、用户行为和潜在机会。

具体策略方面，可以从以下两个方面进行深入探讨。

首先，定性与定量结合的调研方法。定性研究通常用于深入了解用户的思想、感受和需求，通过面对面的交流或小组讨论，我们能够捕捉到用户深层次的情感和心理反应。焦点小组是一种常用的定性研究方法，通过组织目标用户进行讨论，能够观察到他们的互动、交流和对产品的看法。此外，深度访谈也是一种有效的定性研究方法，通过与个别用户进行深入交流，能够了解他们的具体需求、使用习惯和痛点。与定性研究相比，定量研究则更注重数据的统计和分析，通过大规模的问卷调查、数据分析等方式，能够获取大量客观、可量化的数据，为决策提供有力的数据支持。因此，将定性与定量研究相结合，能够更全面地了解市场需求和用户行为，为企业的决策提供更为准确、科学的依据。

其次，线上与线下结合的调研方法。随着互联网的普及和发展，线上调研方法逐渐成为主流。线上调研具有方便、快捷、成本低廉等优势，能够快速获取大量数据。社交媒体是一个重要的线上调研平台，我们可以通过分析用户在社交媒体上的言论、行为等数据，了解他们的需求和偏好。此外，电子问卷也是一种常用的线上调研方法，通过设计合理的问卷问题和选项，我们能够快速获取用户的反馈和意见。然而，线上调研也存在一定的局限性，如数据真实性难以得到保证、用户参与度不高等。因此，还需要结合线下调研方法，如面对面访谈、用户体验测试等，以获取更为真实、全面的数据。通过线上与线下相结合的调研方法，能够确保调研数据的多样性和代表性，为企业的决策提供更为全面、准确的支持。

（三）持续的市场监测

市场环境和消费者需求，作为企业发展的两大核心驱动力，始终处于不断的变化和演进之中。这种变化不仅仅体现在产品功能的更新迭代，更深入消费者的心理预期、购买习惯以及社会文化的细微变迁之中。因此，企业要想在激烈的市场竞争中保持领先地位，就必须建立一套行之有效的持续市场监测机制，确保敏锐地捕捉到市场的脉搏，及时调整自身的设计和营销策略。

具体策略上，企业可以采取以下两种方式。

首先，定期调研。定期进行市场调研，是企业了解市场动态、掌握市场数据的重要手段。这种调研可以是定量的，通过问卷调查、数据分析等方式，收集大量样本数据，了解消费者的购买偏好、需求变化等信息；也可以是定性的，通过深度访谈、小组讨论等方式，深入了解消费者的内心世界，挖掘他们潜在的需求和期望。定期调研不仅能够帮助企业更新市场数据，还能帮助企业保持对市场变化的敏感度，确保设计和营销策略能够与时俱进。

其次，实时监测。除了定期调研，企业还需要利用现代科技手段，进行实时监测。社交媒体和大数据技术为企业提供了实时监测市场动态和用户反馈的可能。企业可以通过社交媒体平台，关注用户的讨论、评论和分享，了解他们的需求和反馈；同时，企业还可以利用大数据技术，对用户的行为数据进行分析和挖掘，发现市场变化的趋势和规律。实时监测能够帮助企业快速响应市场变化和用户需求，确保企业始终处于市场的前沿。

（四）跨部门协作

在市场调研过程中，多部门的协同合作显得尤为重要，因为调研结果的应用不再限于市场部门，而是需要贯穿到企业的各个环节。为了确保调研结果的有效应用，企业应当深化与设计、研发、营销等部门的协作，共同推动调研工作的深入开展。

首先，组建一个高效的调研团队是市场调研成功的关键。这个团队应当由市场调研、设计、研发、营销等部门的精英成员组成，他们具备专业的知识和技能，能够为调研工作提供全面的支持和保障。在团队组建过程中，应注重团队成员之间的互补性和协作性，确保团队高效、有序地开展工作。

其次，建立调研结果共享机制是确保调研结果有效应用的重要手段。调研团队在完成调研后，应及时将调研数据和分析结果整理成报告，并与设计、研发、营销等部门分享。在分享过程中，应注重结果的针对性和实用性，确保各部门能够充分理解调研结果，并将其转化为具体的行动方案。同时，企业还可以建立定期的调研成果交流会，促进各部门之间的深入沟通和交流，共同推动调研成果的转化和应用。

在市场调研过程中，设计部门可以基于调研结果，对产品的外观设计、功能布局等进行改进和优化，以更好地满足消费者的需求。研发部门则可以根据调研结果，调整产品研发方向，加强核心技术的研发和创新，提升产品的竞争力和市场占有率。营销部门则可以结合调研结果，制定更具针对性的营销策略和推广方案，提高产品的知名度和美誉度。

（五）用户参与与共创

用户是文创产品的最终体验者和拥有者，他们的参与和共创对于文创产品的设计与开发至关重要。通过深度融入用户的思维与需求，不仅能够确保产品的精准性，更能够极大地提升用户的满意度，从而构建出真正与用户心灵相契合的文创佳作。

首先，建立用户共创平台是实现这一目标的关键步骤。在这个平台上，可以邀请用户参与到产品的设计与开发过程中来，让他们直接表达自己的需求和期望。这不仅可以更加深入地了解用户，更能够激发用户的创造力和参与感，使产品设计更具活力和创新性。还可以在平台上设立专门的创意征集区，收集用户的创意和建议，将这些宝贵的资源融入产品的设计，让产品真正体现用户的意志和需求。

其次，建立用户反馈机制也是提高产品设计和用户满意度的有效手段。用户的反馈是产品改进和优化的重要依据。因此，应通过多种渠道收集用户的意见和建议，包括但不限于线上问卷、社交媒体留言、用户论坛等。这些反馈将提供宝贵的一手资料，及时发现问题并加以改进。同时，可以定期对用户的反馈进行汇总和分析，找出其共性和规律，为产品的后续开发提供有力的指导。

在用户共创平台和用户反馈机制的共同作用下，更好地理解用户需求和市场趋势，提高产品设计的精准性和用户满意度。这不仅能赢得更多的用户支持和口碑赞誉，还将推动文创产业的可持续发展和创新。

六、市场调研对文创产品设计的影响

（一）设计思维的转变

通过市场调研，设计师得以洞察市场脉搏，更全面地掌握用户需求和市场趋势。这种深入的了解不仅仅是数据的堆砌，更是一种思维的转变。设计师逐渐走出单纯的产品视角，转向以用户为核心的设计理念。这一转变并非一蹴而就，而是需要设计师不断地调整自己的思维方式和设计策略。

具体影响表现在以下两个方面。

首先，用户导向的深化。在市场调研的指引下，设计师开始关注用户的真实需求和体验。他们不再只是简单地追求产品的功能和外观，而是深入探究用户在使用产品过程中的痛点和期望。通过市场调研数据，设计师能够更准确地把握用户的心理和需求，从而指导设计决策。这种用户导向的设计思维使产品更加贴近用户，提升了用户的满意度和忠诚度。

其次，创新驱动的强化。市场调研为设计师提供了丰富的市场信息和数据支持。通过分析这些数据，设计师能够发现市场中的空白和机会。这些空白和机会往往隐藏着巨大的商业价值，是设计师进行创新设计方向。设计师可以根据市场调研结果，结合自身的专业知识和创新能力，开发出具有市场竞争力的新产品或优化现有产品。这种创新驱动的设计思维使产品更具创新性和差异性，提高了产品的竞争力和市场占有率。

（二）产品开发的优化

市场调研不仅为企业提供了洞察市场动态的窗口，更是企业优化设计方案、提高产品质量和市场竞争力的有力工具。

1. 需求匹配

市场调研的首要任务是帮助企业准确了解目标市场的需求。在产品开发初期，企业可能基于自身的技术实力、资源优势和经验判断，对产品有一个初步的概念或设想。然而，这种设想是否能真正满足市场需求，是否能得到市场的认可，还需要通过市场调研来验证。

市场调研可以帮助企业获取第一手的市场信息，包括目标消费者的需求、偏好、消费习惯等。对这些信息进行深入分析，企业可以确保产品设计方案与市场需求的高度匹配，从而提高产品的市场接受度。

此外，市场调研还可以帮助企业了解竞争对手的产品特点和市场策略，避免与竞争对手同质化竞争，寻找差异化竞争的突破口。

2. 设计优化

市场调研不仅能帮助企业了解市场需求，还能为产品设计的优化提供有力的支持。在产品设计过程中，企业可能会遇到各种问题和挑战，如技术难题、成本控制、用户体验等。通过市场调研，企业可以获取消费者的真实反馈和建议，从而找到解决问题的线索和思路。

例如，在产品设计阶段，企业可以邀请目标消费者参与产品试用和评估，了解他们对产品的看法和感受。消费者可能会提出一些改进意见或建议，如增加某个功能、优化某个界面、改善某个性能等。这些反馈对于产品的优化和升级具有重要意义，可以帮助企业不断改进产品设计，提高产品的质量和用户满意度。

同时，市场调研还可以帮助企业了解消费者对于产品价格、包装、品牌等方面的需求和偏好。这些信息对于产品的定价策略、包装设计、品牌推广等方面都具有重要的参考价值。

（三）营销策略的制定

市场调研，为企业制定营销策略提供了依据。它不仅仅是一个简单的数据收集过程，更是企业洞察市场动态、理解消费者需求、预测市场趋势的关键环节。通过深入的市场调研，企业能够更好地进行市场推广和品牌传播，扩大市场份额，提升品牌影响力。

具体来看，市场调研对企业营销策略的影响主要体现在以下两个方面。

1. 精准营销

市场调研让企业能够深入剖析各个市场细分的特点和需求。不同的人群、地区、消费习惯等都可能形成不同的市场细分，而每个细分都有其消费特点和需求。通过市场调研，企业可以了解每个细分的具体情况，如人口结构、消费能力、购买习惯、兴趣爱好等，从而制定更具针对性的营销策略。这种精准营销不仅能够提高营销效率，减少资源浪费，还能够更好地满足消费者的需求，提升消费者满意度。

2. 品牌传播

市场调研在品牌传播方面也发挥着重要作用。品牌是企业的无形资产，是企业与消费者建立情感联系的重要纽带。通过市场调研，企业可以了解消费者对品牌的认知和评价，发现品牌在消费者心中的形象和地位。这有助于企业制定更加符合消费者期望的品牌传播策略，如选择合适的传播渠道、制定有吸引力的传播内容等。同时，市场调研还可以帮助企业发现品牌传播中存在的问题和不足，及时对其进行调整和改进，提升品牌的市场影响力和美誉度。

第六章
文创产品设计开发创新路径

第一节　文化创意与旅游产业的融合

文化是旅游的灵魂，旅游是文化的载体。文化创意产业的低能耗、高产出、重环保的特点，与被称作"无烟产业"的旅游业业态相近、价值匹配，具有天然的融合性。文化创意和旅游的融合，已经由一般性的业态融合即文化旅游景点、景区，发展到了全域旅游平台上的融合。作为区域引导产业或主导产业的旅游，与作为区域发展基础的文化创意，在深度融合中，为区域产业发展、社会文明建设和区域形象传播提供了新动能，成为推动区域发展的引擎。

一、从景点旅游到全域旅游

改革开放以来，中国旅游业发展迅速，逐渐成为推动我国经济发展的支柱性产业之一，在拉动国民经济、扩大市场需求、带动社会就业、改善投资环境等方面的作用也日益显现。旅游业是指利用名胜古迹、自然风光和人造景点等旅游资源进行产业化运作并获取利润的产业。在21世纪的今天，被称为"无烟产业"的旅游业也已经成为推动我国经济发展势头最强和规模最大的产业之一。随着市场经济的发展和居民收入水平的提高，越来越多的人开始追求精神层面的需求和体验，尤其对旅游消费的需求不断增多，推动了我国旅游业的不断发展，使旅游资源日益丰富、旅游环境持续优化、旅游市场日趋完善。但相对而言，无论是在广度还是深度上，我国旅游业的发展尚无法满足经济发展和人民生活水平提高的需要。因此，对于旅游业建设发展过程中取得的成效和存在的问题，都应该而且值得我们去关注和思考。

（一）我国旅游业的发展现状

我国旅游业起步较晚，旅游市场容量及旅游消费需求潜力巨大，目前正处在数量增长、规模扩大的关键时期，在发展过程中已取得了阶段性成绩。我国着重提高旅游资源的品牌竞争力，增强旅游业的吸引力，催生新的旅游业态，打造一批旅游地和带头企业，从而有力地推动了旅游业的结构优化升级和健康发展。

1. 挖掘资源和培养人才，旅游业运营发挥基础性优势

中国不仅是一个幅员辽阔、人口众多的大国，更是一个具有五千年悠久历史的文明古国，自然资源和人文资源比较丰富，具有发展旅游业所需的巨大市场开发潜力。根据1999年颁布的《旅游区（点）质量等级的划分与评定》，我们可以将旅游资源定义为对旅游者具有吸引力，可以为旅游业开发利用的，并可以产生经济、社会和环境效益的自然界和人类社会中的各种事物和因素。旅游资源是发展旅游业的基础和核心，我国在合理有序地对自然、人文和社会旅游资源进行开发与利用的同时，挖掘出了具有中国特色的资源优势，有效地扩充了现有的旅游资源，提升了我国旅游资源的吸引力，并在此基础上积极研发旅游新项目和新产品，重塑了具有中国特色的旅游产业形象。通过对旅游资源进行优化组合，做大做强了我国的旅游产业链。在优化旅游环境和旅游资源的同时，为了实现旅游业的可持续发展，我国在加强旅游专业人才的培养和引进上给予了一定的支持，如一些大学增设相关专业和课程，采用多形式、多渠道、多途径、多方位的人才培养渠道，为旅游业输送了大量的专业人才。另外，我国确立并完善了人才激励机制，重点提高从业者的素质和水平，充分利用我国人力资源丰富这一巨大优势，夯实了旅游业的发展基础。

2. 依靠经济发展和政府扶持，旅游业发展实现规模化增长

改革开放以来，中国经济呈现快速发展之势，国民经济实力明显增强，人民收入稳步增长，生活水平不断提高。20世纪末，经济的腾飞促进了中国旅游业的迅猛发展，使其盈利水平不断提高。我国旅游业依托经济的发展，在投融资方面获得了一定的资金支持。此外，民营资本的投入也为我国旅游业的发展提供了一定的财力支持，为其发展注入了新的活力。同时，我国的旅游业采取了政府主导的发展模式。在发展旅游业的过程中，各级政府部门根据当地的旅游资源条件和经济发展水平，利用行政手段，制定并出台了一系列促进当地旅游经济发展的优惠政策，用以指导当地旅游业协调适度发展，如对旅游资源丰富而经济条件相对落后的地区，给予必要的经济优惠和政策支持，促进了我国旅游业的长远和平衡发展。在经济和政策的双重保障下，我国的旅游业实现了规模化增长。

3. 融合信息和科学技术，旅游业信息化建设取得突破性进展

进入21世纪，信息和科技的深入融合给我国旅游业的发展带来了新的面貌。相对于发达国家，我国的旅游信息化建设起步较晚，基础也比较薄弱。但是，我国在积极学习国外信息和科学技术优秀成果的基础上，经过几年的研究和发展，信息和科技都取得了历史性的进展。与此同时，信息技术的应用系统、网站与旅游业的互动融合也取得了不可小觑的成绩，如旅游目的地营销系统成效显著，旅游企业信息化应用逐步普及，旅游网站功能不断强化，电子政务系统应用全面覆盖等，旅游信息化已经成为旅游业发展的重要手段。得益于科技的进步、信息的融合、智能手机和平板电脑等新科技产品的出现和普及，旅游移动端的发展速度明显提升，旅游的形式也逐渐多样化。依靠便捷、个性化的用户体验，信息与科技的融合推动了我国旅游市场的长期繁荣。

（二）我国旅游业发展存在的问题

旅游资源是旅游业发展的基础和核心，旅游资源的可持续发展是推动我国旅游业快速增长的重要依托。但是，在我国旅游业的发展过程中也存在着一些问题，诸如忽略旅游业的本质内涵，过度追求旅游资源的开发而造成环境污染、噪声污染等，或是固守已有的旅游资源而不与现代科技结合造成总体水平不高、项

目泛滥、特色不明显、基础配套设施不完善、旅游活力不足等。

1. 旅游资源开发水平较低，区域发展极不平衡

我国拥有丰富的自然旅游和人文旅游资源，但针对这些旅游资源进行的项目开发却缺乏合理的布局和规划，欠缺整体性和创新性。在旅游资源的开发上，我国以自然风光的开发为主，人文旅游资源开发力度则偏小。同时，旅游产品缺乏一定的文化和科学内涵，尽管一些旅游景区已经通过挖掘自身文化内涵、细化景观设计、更新旅游理念、提高旅游层次等方式进行了一定程度的改造，但进程相对缓慢，仍面临着产品重复性高、专业化和多样性服务水平低等问题，并没有形成具有中国特色和中国影响力的品牌效应。此外，国内一些旅游景区由于恶性竞争或者交通不便等，往往采取各自分散经营的营运模式，景区之间缺乏必要的沟通与合作。旅游资源与旅游需求的不平衡导致旅游成本过高，旅游市场的发展遇到了尴尬的瓶颈期。

对于一个发展中国家来说，旅游业的发展需要国民收入、外汇收入等财力的大力支持，然而，在旅游业的发展上，我国侧重优先发展国际旅游业，试图用国际旅游带动国内旅游，以期实现我国旅游业的整体发展，因此把大量的财力、物力投入国际旅游。这样便带来了一些问题：热点旅游区人满为患，而温冷点旅游区的高档设施却被闲置浪费，造成了"高级宾馆无人住，国内游客无处住"的现象；对国内旅游市场不够重视，基础设施建设等缺乏计划和实际指导。

2. 旅游基础设施建设薄弱，景区配套不够完善

国内旅游业的基础设施和服务设施建设相对落后，其服务条件和水平与发达国家还存在一定差距，在旅游景点的发展战略、总体规划、开发步骤和实施方案等方面缺乏有效的统筹，在市场的信息预测、项目开发的可行性分析以及广告宣传等方面也存在着一些弊端。由于旅游基础设施建设投资较大，直接经济效益又不明显，很难吸引到大规模的商业性资金来进行旅游基础设施的建设。目前，国内不少地区，尤其是经济欠发达地区，在旅游基础设施的建设上还存在着一些问题。一是干线公路与旅游区之间连接不畅，交通问题成为制约当地旅游业发展的主要瓶颈。运输方式缺乏有效的管理，没有在根本上对旅游交通和一般性交通做出区分，一些热点的旅游区无法得到有效的开发和利用。二是旅游区内交通服务设施薄弱，其发展和服务水平无法满足旅游消费者不断扩大的消费需求。国家在旅游设施建设方面的投资基本上是按照"以旅游养旅游"的方针，对于前期投资较大的项目很少考虑，只选择资金投入较少的项目进行开发和建设，导致我国旅游设施建设不足，给游客的观光游览带来了诸多的不便。三是旅游区内的环保、卫生、电力等配套设施不够完善，出现了游客"进不来、住不下、吃不饱、出不去"的尴尬境况，严重制约了我国旅游业的进一步发展。

3. 旅游市场秩序混乱，不当竞争频发

我国的旅游业标准化、规范化程度较低，主要表现在以下两个方面。一是旅游市场自行定价，巧立名目，价格多变，市场存在较多虚假信息，鱼目混珠。一些景点定价随意，如庐山、华山出现的垄断旅游景点的现象以及广西桂林频发的"野马"宰客事件等。二是服务标准不统一。由于旅游消费活动链条较多，导致旅游项目的活动安排、服务标准和责任界限等都或多或少存在一些问题。此外，我国旅游业的专业人才相对较少，从业人员的专业水平和整体素质较低，旅游教育支撑不足，人才保障机制和开发机制相对滞后。由于我国旅游市场定位不明确，加之经济利益的诱惑和驱动，旅游业大多为"零负团费"的经营模式。

此外，我国旅游法规不健全、经营秩序混乱的状况也加剧了低价、恶性竞争、虚高标价等各种不良的市场竞争的出现，严重影响了旅游区的形象和服务质量，不利于自助式散客旅游的发展壮大，也不利于旅游品牌建设和旅游区的长期可持续发展。

（三）全域旅游推动旅游业转型升级

旅游业当前所面临的问题，与经营主体不规范、政府管理不到位等直接原因有关，也与旅游业发展模式简单粗放有关。改革开放以来，我国的旅游经济模式主要还是景点旅游，盈利模式为门票经济。之后，在景点旅游的基础上，附加了一部分的美食、休闲、文化因素，盈利模式开始多元化，景点逐步扩充为景区，但旅游业发展仍然没有突破纯粹旅游的范畴。推动旅游业供给侧改革，提升旅游业竞争力、带动力，迫切需要旅游业转型升级，从自设藩篱的景点、景区旅游走

向统筹区域资源的全域旅游。

近年来，全域旅游在社会上逐渐引起注意，越来越多的地方对此展现出很高的积极性，并就此进行了各具特色的实践。

全域旅游发展具有现实的支撑，除了民众收入增长、旅游意愿和支出增加、旅游业经营主体实力增长、经营成熟等长期性、一般性的支撑条件，更重要的是新型城镇化中宜居宜业环境建设所带来的旅游价值增长，是文化事业建设、文化创意产业发展所带来的旅游价值提升。全域旅游充分利用这些有利条件，将旅游与文化建设、新型城镇化建设以及产业转型升级等有机融合，系统配置，着力推动城市景区化、区域景区化、文旅商相结合，搭建起区域持续发展的大平台。

全域旅游是我国旅游发展的新模式，对旅游的转型升级具有重要意义。全域旅游将推动旅游业从景点、景区建设管理到综合旅游目的地建设运营，推动旅游盈利模式从门票经济向产业经济转型，推动旅游业发展从浅层粗放式增长向深层高效价值型增长转型，推动旅游业发展从依靠自身动能发展到融合文化、经济、社会、生态综合动能发展。相应地，文化创意在全域旅游模式下有了新的更大的作为空间。

二、全域旅游模式下的文旅融合

全域旅游模式下，文化创意要素有了新定位、新作为，它既可以为全域旅游发展提供文化支撑，也可以为全域旅游提供创意引领，更可以与旅游业进行形式多样的结合，形成新业态，创造新模式。

（一）文化创意与旅游业融合发展的理论基础

探讨文化创意与旅游业互动融合，首先要从理论上深化对二者互动融合的认识。

文化产业（Culture Industry），简单地说就是生产和销售文化产品或服务的产业，即以产业化/商业化的形式来进行文化的生产、交换与消费。根据"文化娱乐集合"说，文化产业可以划分为文化产业核心层、文化产业外围层和文化产业相关层。核心层包括新闻、音像制品、电子出版物、广播、电视、电影、文艺表演等；外围层包括互联网、游乐园、游览景区的文化服务、休闲健身娱乐、会展服务等；相关层包括广播电视设备、电影设备、纸张胶片胶卷、照相器材等。在文化产业这三个层次之间，我们可以明显看出不同的圈层包含不同的文化产业业态形式，但不同产业形态却拥有一个共同点——创意元素的融入。在一般意义上，我们可以将创意理解为：存在于人们头脑中比较新奇或有创新性的构思；人们外化的创造性行为。由此，我们可以给出文化创意的定义。文化创意是指以文化创意为核心，通过创作、创造、创新等根本手段，以知识产权和科技、文化为依托的一种创新性、创造性的构思或行为。因而，所谓的创意产业就是指那些以个人创造力、技能和天分为发展动力，通过对知识产权的开发来创造财富和就业机会的产业。最早提出这一概念的国家为英国，它也是最先认识到创意产业对于国家经济有推动作用的国家。

文化创意产业主要指在尊重知识产权的框架中，借助现代高新科技，依靠创意工作者的智慧，对文化资源加以提升与再创造，生产出附加值更高的产品，既可以创造财富又可以振兴文化的产业。文化创意产业主要是以文化创意物化为文化内容的创作成果为核心，以知识产权的实现或消费为特征的产业。

文化艺术活动是最能体现人类创造力和创新性的领域，因而文化创意产业在创意产业中占据着重要位置。只有不断地创新，文化创意产业才能不断地发展。文化创意产业具有文化性、经济性、社会性、意识形态性等特点。根据这些特点，文化产业赋予了优秀、先进的文化资源时代气息，凭借互联网和数字技术，不断进行产业化的发展与再创造；同样，这种产业化的文化资源也会扩展文化产业所呈现的内容与形式，这就是我们所谓的"文化产业新业态"。2008年北京奥林匹克运动会开闭幕式的精彩演出体现了中国历史既悠久又内容丰富的传统文化特色，笔、墨、纸、砚蘸取中华民族五千多年的文明，饱满地书写着五千年的历史长卷。"太古遗音"四大发明、汉字和戏曲，这些古老的中华文明在音乐和灯光的衬托下，依靠高科技手段被逐一展示。主场上慢慢打开的画轴，演员在一轴长卷中以曼妙的舞姿舞出丹青流淌、水墨晕化的中国画，表现出这个古老国度独特而又神秘的时空观念与哲学精神，"画卷"也表现出了中国历史文化的起源和发展。活字印刷是中国古代的四大发明之一，上下移动的中国活字印刷的光板，既像古代的活字字盘，又像现代的电脑键盘。897块活字印刷字盘变换出不同字体的"和"字，表现了中国汉字的演化过程，也表达了孔子"以和为贵"的人文理念。奥运会上这些创意元素萌发自悠久灿烂的中华文明，它以浓郁中华文化内涵为根基和内容来源，以中国特有的方式诠释着对于文化产业的中国式理解。在这种内容与形式不断创新的基础上，文化产业本身的内涵也在不断地创新与演进，正是这种产业内容的创新与演进，为以文化资源为依托的创意产业提供了更为丰富的文化内容，成为创意产业不断涌现的"活水之源"。

旅游业是指以旅游资源为基础，凭借科技、文化和艺术等手段，对自然旅游资源、人文旅游资源和社会旅游资源进行开发、拓展并进行产业化运作，最终获取综合利润的产业。在国际上，旅游业被称为旅游产业，主要指招徕、接待游客，并为其提供交通、游览、住宿、餐饮、购物、文娱等综合性服务的行业，这也表明其是一个多样化的旅游产业链条。旅游业原本就是一个具有较强渗透性的产业，它囊括了大部分的服务行业，具有较强的整体性和融合性。

作为二者融合的文化旅游，是指以历史文化遗存、自然风光为基础进行资源拓展或者以文化活动作为核心产品的旅游。文化旅游是一种动态体验性旅游，以文化创意为灵魂，将旅游经营者创造的观赏对象和休闲娱乐方式作为消费对象和消费内容，使旅游者获得富有文化内涵和深度参与等旅游体验的综合性旅游活动。与之相关的活动，我们将其命名为活动经济。由活动经济所形成和促进的旅游形态则为文化创意旅游，以动态性和体验性为主要特征。文化旅游是近几年出现并逐渐流行起来的新兴旅游形态，它的出现与人们的生活方式和旅游需求的转变有着密不可分的联系。文化创意元素与旅游业的融合催生了一个个新型的文化消费需求，开发和培育出需求不同的文化消费群体。由于人们文化水平、经济收入、社会背景的不同，对于文化产品的认识和理解、消费需求与选择也就不同。现代社会是强调个性体验的社会，拥有较高参与性、体验性的文化产业新业态一进入市场便吸引了一大批消费群体，他们对于文化创意产品有着较高的需求欲望，这便形成了一个新的文化消费市场。文化旅游将难以表达的文化创意形象化和内涵化，使人们能够在众多的市场消费中感受到文化创意带来的新鲜感。

（二）文化创意与旅游业融合发展的现实逻辑

随着新型旅游形态——文化创意旅游的出现，旅游业的社会文化诉求逐渐增强，旅游的非商业化也成为人们新的关注热点，而正是因为旅游的这种非商业化特征，人们才不得不站在经济圈的外层来看待旅游，看待文化创意产业与旅游业之间的关系。

1. 供给侧的融合逻辑

创意产业本质上是文化创意产业。它"主要是以创意为核心增长要素，以高新科技和持续创新为依托，以外化为文化成果的知识产权的实现或消费为特征，具有较高经济效益和就业潜力的行业"。对于文化创意产业所涉及的领域，世界各个国家和地区都有各自的定义和划分。这里，我们需要明确的是产业融合作为旅游业的发展趋势，将文化创意理念渗透到旅游产品的设计、开发和产业链条的打造、延伸等方面，为旅游业的发展提供了新的思路与新的方向。因此，我们将文化创意产业与旅游业的关系简单地归纳为两种。一是包含关系，即文化创意产业包含旅游业。创意产业为旅游业提供文化创意，从而延伸旅游业的产业链，文化创意产业内容的创新与演进为以自然资源、人文资源为依托的旅游业提供了更为丰富的文化内容，为旅游业发展的创意闪现提供"活水之源"。二是隐含关系，即文化创意产业中的产业与旅游业相容。

旅游业是文化创意产业的载体，文化创意的理念丰富了旅游业的内涵和外延，旅游业的发展为文化创意产业提供了契机和载体依托。创意产业在传统旅游业的基础上，融入时代特色和创意元素，以人们的体验性诉求为导向，对传统旅游业进行包装和创新，在促进旅游业发展的同时，也为自身赢得了较为广阔的发展空间。

2. 需求端的融合空间

（1）个性体验需求

旅游需求作为旅游业发展的驱动力，不断促进旅游业发展，旅游者则越发强调他们对于旅游的参与性与动态性，对于旅游产品需求的多样性，因而，个性化的体验游便成为旅游业发展的一个新趋势，体验一词也就与旅游紧密地联系起来，而这种联系恰恰需要文化创意因子，使旅游业突破原有界限，在旅游产品的设计中体现创意元素，通过对原有的旅游活动进行优化重组、整合及创新，不断丰富旅游产品，以便增强旅游者对于旅游的个性化体验，从而更好地促进文化创意产业与旅游业的融合。由此可知，为了更好地满足旅游者这种个性化的体验性需求，文化和创意等元素被融入旅游业发展的资源整合、活动的体验性设计、旅游产品开发等各个方面，文化创意对旅游业的作用越来越显著，成为旅游业提高竞争力的一种重要手段和方法。

（2）文化体验需求

随着经济的蓬勃发展和人们生活水平的提高，人们不再满足于基本的物质需求，而是逐渐加大对体验性文化的需求。在旅游业发展的过程中，游客的旅游动机也由传统的观光游览转变为文化需求。旅游业的发展必须以自身的旅游资源禀赋为基础，融入其中的创意元素也要以其为依托，丰富和多样化的旅游资源为创意产业和旅游业的融合提供了广阔的空间和无限的可能。创意从未曾脱离人类的文化范畴，文化的多样性是创意呈现出多种形式的前提条件。旅游业自身所拥有的自然资源、文化资源也成为创意产业取之不尽、用之不竭的源泉。文化旅游在发展过程中，不断地向其他领域渗透，使一切关于文化旅游的产品获得了文化和内涵的价值认同，同时文化因素和创意因子也不断地融入旅游产业的其他领域，文化旅游的内涵不断深化，外延也在不断扩大，注重参与性、体验性和文化性的旅游形式吸引了更多的游客。随着人们旅游经验的积累和旅游经历的丰富，越来越多的旅游者对新的旅游业态提出更高层次的文化需求，而这种高层次文化需求的实现，则需要文化创意因子的融入。

（三）文化创意与旅游业融合发展的现实途径

旅游与文化创意的互动融合，是对于自身产业价值链的细分与再认识，依靠创意因子的融入和新的科技手段，以价值链融合或延伸的方式，对原有的资源和活动进行优化重组、整合及创新。这种互动融合有利于产业价值内涵的提升，有利于资源的可持续发展，与此同时，旅游业也借助文化创意，以负面影响最小化、利润最大化的形式来实现旅游业和文化创意互动融合的共赢经济模式。我们可以列举出文化创意与旅游业互动融合的几种形态：文化演出、文化型主题公园、历史文化古城、文化节庆等。文化产业以文化创意为基础，旅游业的发展依赖于旅游创意持续的吸引力。文化旅游的发展需要在原有旅游资源的基础上，坚持文化主线，融入文化因素，整合具有特色的文化旅游资源，实现文化创意和旅游的互动融合，推出具有全新文化内涵的旅游业态和旅游产品，提升文化产业的竞争力，延长和深化文化产业链条，扩展旅游业的发展空间，从而实现文化创意与旅游业的互融。

1. 创意优化资源组合，打造品牌影响力

旅游业是以旅游需求为驱动力的产业，旅游体验是旅游世界的硬核。旅游业又是在其自身特有的资源的基础上建立起来的依托型产业，这种资源包括自然资源、人文资源和社会资源等，我们应该注重以文促旅、以旅兴文，以大型旅游节庆活动为载体，推动文化旅游活动的发展，用创意挖掘具有特色的文化旅游资源，将创意因子融入旅游发展之中，通过一定的技术手段对旅游资源进行综合性的开发、加工，并进行深层文化价值的探索、研究以及创造性的整合，从而实现旅游资源的优化组合。文化旅游产品作为旅游景点的衍生品，在开发、包装和设计上，要注重以下三点：一是选准切入点，突出产品的层次性；二是提炼主题，突出产品的系列性；三是丰富文化内涵，突出产品的高品位性。同时，要通过创意思维和新技术使旅游资源和创意产业实现较好的互融，突出旅游产品和旅游场景或旅游环境的文化性，凸显创意旅游产品对文化旅游需求的多元"文化层次"的关怀与满足，开发出层次性、系列化和高品位的文化旅游产品并以全新的方式展现在游客面前，将文化旅游的参与和体验性发挥得淋漓尽致，以期增强旅游者的旅游体验和文化体验，使创意产业和文化旅游互动融合，从而提升文化旅游品味，使旅游产业增值，使内涵充分发挥，增强核心竞争力，打造出具有特色的文化旅游品牌和产业品牌形象。

2. 创意促使环境优化，提高旅游吸引力

随着社会的发展和人们文化旅游品位要求的提升，文化旅游地区的主管部门一方面要加强宏观调控，把工作重点转移到规划、指导、协调和监管上，实现职能转变，遵循政企分离的原则，建立新型的政企关系；另一方面要加强规划衔

接，做好统筹管理，促使环境美化，提高旅游吸引力。财政、税务、人事、国土、工商等部门要树立大文化观念，克服部门分割，认真落实文化产业发展规划和各种政策措施，简化办事程序，提高办事效率，提供优质服务。当地政府应把全面实现文化创意和旅游业的互动融合、开发利用规划作为其任期目标之一进行考核评比，对那些重大文化旅游项目，如文化旅游景点环境优化、安全管理工作、区域内文化旅游配套项目和环境建设等制定切实可行的考核指标体系。此外，我们不应忽视对旅游产业的文化和人文内涵的挖掘，将创意融入文化、旅游，创新思想、创意精品，使旅游的整体环境得到较大程度的改善和提升，处处有创意，景景显文化，以满足文化旅游的主体性体验需求和文化需求，增强游客的精神和心灵的体验和感受。

3. 创意促进人才培养，发挥人才竞争力

文化旅游的发展离不开创意人才，吸引和培养旅游创意人才对于文化旅游具有重要的作用。文化旅游景区可通过和各大高等院校、科研机构及兄弟单位部门的横向联系建立合作关系，在文化旅游科研和教学领域有计划地为本区培养、培训专业人才，并对文化旅游景区内现有的从业人员进行分期培训，提高从业人员的素质和能力。吸纳知名专家、教授作为文化旅游景区的顾问，定期邀请专家座谈，为当地文化旅游业出谋划策，提高文化旅游的品位及档次，并利用专家的影响力扩大知名度。根据当地旅游资源的实际情况，以大型文化设施、重大文艺作品、文化资源开发项目为载体，以各种文化艺术节庆活动为契机，采用高薪聘请、无形资产投入、柔性流动等方式有目的地引进一批文化旅游经营管理、形象策划的高级专业人才。当地政府的有关部门要为引进专业人才提供优质服务，在工作、生活待遇等方面给予政策倾斜。允许和鼓励有特殊才能的文化人才，以无形资产按一定比例持有股份的方式参与分配。建立文化人才供求网和高级人才数据库，推动文化人才中介市场建设，为人才有序流动创造良好环境，发挥人才竞争力，从而提高其整体水平，使文化旅游的规划和发展更加科学，实现文化旅游业跨越式发展。

4. 创意升级产品消费，激活市场消费潜力

旅游业涉及从生产、分配、交换到消费这一社会生产总过程的所有环节。为

了更好地发展旅游业，除需拥有极具吸引力、创造力的文化旅游产品外，还需要进一步提高市场意识，坚持先进的营销理念。首先，要强化产品竞争优势，用创意思维生产文化旅游产品，打造成具有体验性、参与性的特色文化旅游产品；其次，对于旅游市场的开发与维持，要依靠和构建较强的产品质量和品牌忠诚度，综合采取多种营销手段，制定具有弹性的营销策略，针对不同的文化旅游消费市场、不同的消费人群、不同的产品体系，采用差异化的营销策略来满足不同的文化旅游消费需求；最后，旅游业依托文化创意实现搬运效应，带来较高的经济效益。文化创意可以提高旅游产品消费中文化的含量，不断地促进文化消费的结构转变和升级，从而带来消费方式的变化。文化创意旅游可以激发旅游者的潜在消费欲望，丰富旅游消费层次，升级旅游产品消费，挖掘旅游市场的消费潜力。文化创意产业对吸引投资、满足消费需求、促进旅游经济发展发挥着重要的作用，能够促进文化旅游业的结构优化和升级，实现文化旅游经济的可持续发展。模式转型打开旅游业发展新局面。在全域旅游的大平台上，文化创意与旅游业全面对接、强力渗透、有机融合，有力地推动旅游业的创新发展。上海崇明区在打造"世界级生态岛"的规划中，着力强化文化对区域景观特色的形塑价值。全岛以中国元素为特色，塑造由中国式空间、中国式审美和中国式秩序构建的整体风貌；中观建造凸显江南韵味，以水为脉，以精为美，再现江南特有的旖旎水乡、白墙黛瓦，辅之以崇明岛特有的海岛风情、海岛景观，形成以生态为核、以文化为根、以海岛为特色的区域环境。

文化创意创造旅游新业态。在文化创意的涵养下，一大批旅游小镇、旅游度假区、旅游产业集聚区、研学旅游基地、养老旅游基地、乡村记忆旅游基地、工业文化旅游基地等应运而生，极大地丰富了旅游的业态和产品。

文化创意催生旅游新样式。在文化创意的引领下，修学游、休闲游、度假游、养生游、养老游等以文化为吸引物的旅游样式不断出现，有力地带动了旅游业的发展。

文化创意挖掘旅游新价值。比如，被誉为华夏文明的摇篮的山西，历史悠久，文化灿烂，山水灵动，是文化资源大省，但文化旅游产业实力不强，文化创意产业薄弱。山西省针对这种现状，着力推动文化创意与旅游产业融合发展，提出了"建设富有特色和魅力的文化旅游强省"的战略目标，努力推动从文化资源大省向文化旅游大省升级。

总之，在全域旅游的大平台上，推进文化创意与旅游业的融合发展，以文化创意凝炼特色主题，开发精品项目，打造旅游品牌，提升区域文明水平，可以为旅游业升级加油蓄力，为文创产业发展开辟蓝海，为区域整体发展提供强劲动能。

三、文旅融合创精品案例

文化创意与旅游业的融合给旅游业带来了前所未有的生机与活力，扩大了旅游业的发展空间，延长了旅游产业链，促进了产业结构的升级与转换，丰富和催生了新型旅游形态。近年来，全国各地积极推进文化和旅游融合发展，创造了众多的精品项目、典型案例，本部分以上海迪士尼乐园为例进行探讨。

文化主题公园不仅是一个乐园，更是一个博览园。主题公园注重文化内涵的展现，一般以相对完整的故事为线索展开，在园区内通过逼真的设计制作，将具有观赏性、娱乐性、体验性的游乐设施和项目打造成为吸引游客的旅游景点。文化主题公园已成为旅游业和文化创意产业互动发展的亮点和典型代表。世界各国和各地区为了提高自身的经济实力和竞争力，将发展文化旅游业作为一个着力点，策划并建造了一系列主题公园，其中最为典型的成功案例就是迪士尼乐园。上海迪士尼乐园作为中国第二座迪士尼文化主题乐园，不仅可以使游客身临其境、尽情欢愉，还满足了他们对于旅游体验性、参与性等的文化需求。

（一）迪士尼乐园发展历程

21世纪是一个高速发展的信息时代，科技创意在这个时代得到了很好的展现。文化创意凭借现代高科技手段物化成各式各样的文化产品和服务，实现了文化产业发展的创意转换和价值实现。迪士尼乐园就是一个科技与旅游业高度融合的、富有创意而又充满新鲜感的旅游综合体。科技创意在文化产业的广泛应用，不仅能够使文化产业和文化产品的表现方式得到高效和大范围扩展，使文化产业整体发展链条不断延伸，还能够进一步形成新的文化消费热点和文化市场，推进文化产业新兴业态的出现与发展。文化旅游就是科技、旅游与文化产业的无缝融合，营造文化主题体验式的园区创意因子是使文化产业和旅游业高度融合的催化剂，创意立足于丰富的文化资源，借助高科技完成产业的转化，并给游客带来不同的感官体验、科技享受和文化盛宴。

首座迪士尼文化主题乐园于1955年7月17日在洛杉矶正式建成，它标志着迪士尼公司的经营范围从纯粹的文化产品产业扩张到主题公园文化旅游业。1982年10月1日，新建成的埃布克特迪士尼世界中心正式开放，吸引了众多来自世界各地的游客。迪士尼基于对"未来世界"的设想，用科技打造高魔幻的未来世界，把动画片所运用的色彩、刺激和魔幻等表现手法很好地与主题游乐园的功能相结合，园中的一切，从环境布局到娱乐设施处处体现着迪士尼童话主题。随着科技的日新月异，迪士尼乐园也无时无刻不在发生着变化，迪士尼文化主题乐园将最新的科技和创意引入园区，巧妙地融合了现代科学技术，以文化创意为核心，以历史和未来交融、现实与虚幻重叠的手法，运用现代计算机、自动控制、数字模拟与仿真、数字影视、声光电等高科技手段，实现了文化、艺术、科技和创意的完美结合，营造出愉悦舒适的园区环境，先进完善的科技后盾使各种活动以交互、参与和体验的方式给游客带来新鲜、刺激和欢乐。

进入园区，活泼轻松的音乐在四周环绕，让游客立即感受到愉悦、舒适的园区环境。映入眼帘的是一个个童话城堡及道路两边可爱经典的卡通形象。出现在动画片和科幻影片中的幻境被搬到了现实之中，在视觉和听觉的双重享受和冲击之中，人们仿佛化身城堡中的卡通人物，来亲自体验卡通世界的生活。园区工作人员身着卡通形象的服装，保证了园区整体环境的内化统一，从而为游客提供了一个完整的童话乐园。迪士尼乐园由多个主题项目区和场馆组成，拥有国际一流的高空飞翔仿真体验项目"飞越极限"、大型动感太空飞行体验项目"星际航班"、火山穿行历险项目"维苏威火山"、玛雅主题大型历险项目"神秘河谷"、恐龙灾难体验项目"恐龙危机"等。

在"星际航班"太空飞行体验项目中，人们在高科技手段的支撑下，可以感受到模拟的太空失重状态，加之声光电的巧妙运用，还可以体会到来往于无涯宇宙和恒星之间的速度感，与流星、彗星同行，一起探寻太空的奥秘。在逼真舒适的模拟太空舱里，既可以感受浩瀚宇宙星空带来的视觉冲击，又可以尽情投入惊险刺激的模拟星球大战，在音乐和声效的衬托下，用文化与现代科技的碰撞与融合创造出震撼的艺术效果，为游客营造出身临其境般，如梦似幻的太空场景。

通过"生命之光"这一游乐项目，游客可以在巨幕电影《生命之光》宏大的画面和气势之中感受到生命的玄奥，在生命起源到人类出现的历史长河中寻找未解谜题的答案，在叹服大自然壮美和神奇的同时，体验巨幕立体电影带来的震撼。文化娱乐项目利用现代科技手段将各种复杂枯燥的文化和科普知识转化成为一个个寓教于乐的游乐项目，这类项目最大的吸引力就在于这种独特的教育和文化传播的方式带给人们的神奇、快乐的感官享受。

"太空任务"是迪士尼世界与美国国家航空航天局共同打造的一项非同寻常的游乐项目。迪士尼世界负责公共关系的杰弗里介绍说，"太空任务"能够帮助人们感受宇航员的真实经历，整个游乐项目模拟了一次太空飞船从地球升空飞向火星的探险之旅。游客从进入飞船开始，就可以真切体验到宇航员所面临的一切，包括升空时的增压和太空中的失重等。为了让整个体验过程逼真、可信，迪士尼开发人员与美国国家航空航天局通力合作，不放过任何细小的环节。

"试车轨道"则是迪士尼世界与美国通用汽车公司联合设计制造的一项游乐项目。它的新颖独到不仅在于其高低起伏、充满惊险刺激的车道，还在于其为驾驶者模拟了汽车公司的试车环境，甚至将汽车的撞击试验融入其中，起到了寓教于乐的作用。而最高可达60英里（接近100000米）的时速，也足以让每一位体验者充分感受到风驰电掣般的快感。

正是因为有了无数这样或那样的科技创意，迪士尼文化童话王国才会充满活力和乐趣。乐园内的各项文化产业链依靠科技创意得以实现和延伸，科技创意为迪士尼文化产业的发展提供了强有力的技术保障和支持。同时，科技创意与各种文化产品和文化服务的深度结合极大地刺激了消费需求，给文化产业带来了新的发展机遇。立于文化基础之上的科技创意不断激发文化产业的深层潜力，挖掘文化产业所具有的价值，推进文化产业发展的技术性创新，科技创意已成为提升文化产业核心竞争力的重要手段和技术保障。

1983年4月15日，东京迪士尼乐园对外开放，为日本创下巨额利润。2005年9月12日，我国第一座迪士尼主题乐园——香港迪士尼乐园正式对外开放。目前，迪士尼在美国佛罗里达州和南加州以及日本东京、法国巴黎和中国香港五个地区建立了独具特色的迪士尼文化主题乐园。我国第二座迪士尼——上海迪士尼乐园于2016年春季正式运营，并在上海举办为期数日的盛大开幕庆典。上海迪士尼乐园处于上海国际旅游度假区核心区域，投资规模约340亿元，总规划范围面积约7平方千米，其中一期建设的迪士尼乐园及配套区占地3.9平方千米，面积约为加州和东京迪士尼的2倍、香港迪士尼的3倍。上海迪士尼乐园是一座神奇王国风格的主题乐园，包含六个主题园区：米奇大街、奇想花园、探险岛、宝藏湾、明日世界、梦幻世界。每个园区均有独特的花园、舞台表演和游乐项目，为游客带来许多前所未有的体验。

（二）迪士尼乐园的成功经验

迪士尼乐园抓住了人们向往幸福快乐的心理，将无法触摸的幸福快乐以实体的形式表现出来，不计成本地打造人性化设施和服务，让游客们获得了心灵上的喜悦与满足，对迪士尼乐园留恋不已。

1. 准确的市场定位

迪士尼乐园在创建之初就明确了"迪士尼乐园——世界上最快乐的地方"的市场定位，为了满足人们渴望得到放松和欢乐的消费心理需求，紧紧围绕"快乐"这个主题提供游乐产品与服务，为游客提供尽可能多的快乐体验。迪士尼乐园旗下众多成功的动画影视作品被引入乐园中来，孩子们被充满乐趣的游乐活动、可爱的卡通形象所吸引，而成年人也似乎回到了童年，重温童年时的美好时光，实现儿时未能实现的童话梦。迪士尼乐园把快乐变成了真实，以商品的形式兜售给游客。

2. 高质量人性化的服务

迪士尼乐园里处处可见体现人性关怀的人工服务与硬件设施，每位员工入职前都必须参加迪士尼大学严格的课程培训，学习怎样为游客提供细致入微、充满人性关怀的高质量服务，为游客营造出舒适快乐的氛围。高质量的人性化服务是游客能够在迪士尼乐园时刻拥有快乐心情的强有力保证，为迪士尼乐园树立了良好的品牌形象，提升了游客对品牌的忠诚度。

3. 愉悦舒适的园内环境

进入迪士尼乐园大门，游客就被亲切、愉快、舒适的环境气氛包围。迪士尼公司旗下经典卡通人物的热情迎接、轻松活泼的音乐、以往只存在于影片中的梦幻场景、工作人员体贴周到的服务、干净整洁的环境，所有的一切，都让游客流连忘返。此外，为保证内外环境的统一性，迪士尼乐园甚至不惜改造乐园周边环境以期为游客提供一个完整的童话乐园。

4. 新鲜刺激的体验与参与经历

在迪士尼乐园，游客不仅可以获得视觉和听觉上的享受，更能亲自体验童话人物的日常生活。这里拥有世界上最先进的电动游乐设备，将各种枯燥的科学知识变成游客手中的玩具及趣味项目，寓教于乐，让游客在感受科学带来的神奇与快乐的同时，还能够了解相应的科学知识。各种应接不暇、新鲜刺激的体验与参与活动，让游客们得到了无尽的欢乐，也让迪士尼乐园成为全世界游客逗留时间最长的主题乐园。

5. 先进完善的科技后盾

迪士尼乐园的发展与美国科学技术的创新发展是同步的，乐园内实时更新与增加的娱乐项目是美国先进科技的完美展现。正是有先进科技做后盾，迪士尼乐园才能时刻保持游戏的刺激性与游客的新鲜感，不断更新的游乐项目给游客带来最新体验，成为一个百玩不厌的快乐之园。

上海迪士尼文化主题乐园是对文化产业与旅游业、科技创意无缝融合的完美阐释，具有科技含量较高，技术水平先进，虚实景完美结合，科幻、动漫等高科技元素与中国特色文化互融交合等特点，项目内容涵盖现代科技、未来科技、科学幻想、神话传说、综合表演等多个领域，营造了让游客身临其境的体验园区，处处体现着当今国际一流的文化产业发展理念和科学技术手段的应用。迪士尼乐园的成功运作促进了当地文化科技产业的蓬勃发展，并逐步在中国市场建立了自己独特而又强势的文化科技品牌。

迪士尼文化主题乐园是文化旅游业发展的一个具有里程碑意义的成功典范，但是，由于经济发展水平、文化价值观念以及消费理念的不同，在文化旅游主题乐园的建设和发展上，我们不能一味地模仿与复制，而应该以我国的实际情况为前提，充分汲取精华、积累经验，实现文化产业和旅游业发展的双重价值。坚持文化创意和旅游业的无缝结合，使两者的界线日益模糊，使旅游业的内容和表现方式多样化，使旅游业的发展和实现手段更具文化内涵和文化附加值，从而打造出具有中国民族特色、符合国内游客审美习惯和消费心理的中国式主题公园。此外，在激烈的市场竞争中，文化旅游要想获得长足的发展，必须在其他外在条件相同的情况下，不断加大科技创新、文化创意等方面的投入，引进先进的科学技术，加强创意人才的培养，提高科技和文化的原始创新能力，形成具有自己核心竞争力的文化旅游创意资源。

第二节　文化创意与农业的融合

新农业是以农业经营模式创新和产业链拓展为特征的现代农业，是在纵向上深化科技投入和经营方式创新，在横向上接连第二、三产业的综合立体农业。科技和文化创意是新农业发展的两大驱动要素，其中文化创意不仅是新农业产业体系的重要组成部分，也通过为整个新农业产业链提供整体策划、品牌建设、产品设计等支持，成为推动新农业发展的重要引擎。

一、文化创意：新农业的新引擎

"民以食为天"。农业从起源至今，在上万年的发展过程中始终与人类社会文明的发展相伴相随。在工业化、城镇化的今天，农业不仅依然是国民经济的基础产业，关系着亿万农民的生计和全体国民的生活品质，关系着国家的经济安全，作为人类的"母亲产业"，它也是历史记忆的载体，是人们心中的家园，是广阔大地上的风景。新农业正是基于农业在工业化、城镇化时代所具有的经济、

文化、历史、审美复合价值，通过自身的业态升级和与第二、三产业的融合再造
发展起来的，并引领着农业生产步入新的发展阶段。

（一）走向新农业

新农业是20世纪以来随着科技发展以及工业化、城镇化发展带来的农业发
展环境变化而形成的农业发展新模式。时至今日，新农业仍然是一个人言人殊的
概念，不同的视点产生了不同的理解，形成了不同的概念，如"科技农业""现
代农业""农业新六产""创意农业""综合农业"等。简而言之，大致可分为
两大路径：一是从农业自身出发，强调农业的科技提升、经营方式创新，可称之
为"农业现代化"（狭义地理解，广义的农业现代化可等同于新农业）；二是
侧重于新的社会文化环境下农业与第二、三产业的融合再造，可称之为"农业新
六产"。

农业现代化，强调的是在农业生产中广泛运用现代科技、现代工业提供的
生产要素和科学经营管理方法提升农业综合效益，以科技为依托、以商品化为
特征、以集约化为方向、以产业化为目标。可以将其归纳为：生产要素投入集约
化、资源配置市场化、操作专业化、手段机械化、过程标准化、产销一体化、产
品品牌化、类型多元化、服务社会化。相对于分户小规模生产形式的传统农业，
它是一种高投入、高产出的农业形态。这种意义上的现代农业将工业生产的品
种、品质、品牌等工业制造理念引入农业生产，注重农业科技投入，注重农业经
营模式创新，强调农牧结合、稻田综合养殖、农田立体种植、桑（果）园综合利
用、林下经济等高效复合经营模式，增加单位资源产出效益。注重产业化经营，
强调根据自然资源和区位特点找准区域定位，做大、做强特色产业。

农业新六产，强调的是在新的社会经济文化环境下农业产业链的延展再造。
农业作为第六产业的概念是日本农业专家今村奈良臣在20世纪90年代首先提出
的。今村奈良臣认为，现代农业不能只考虑第一产业的种养，还要将第二产业的
加工制造以及第三产业的销售、深加工产品等纳入产业链中，"1＋2＋3"＝6，
"1×2×3"＝6，才能改变第一产业在国民经济中规模、效益日渐降低的趋势，
获得更多的增值价值。农业新六产的本质是将一、二、三产业相互融合，成为一

体，将农业变成综合产业，就是要依托农业、农村，通过产业联动、要素集聚、技术渗透、组织创新等方式，让农业种养与加工流通、休闲旅游和电子商务等有机整合、协同发展，从而从整体上提高农业经济效益。

1. 新农业，新特征

作为基于现代科技支撑和现代社会经济文化环境的新农业，具有如下显著特征。

（1）现代化的产业体系

新农业最大的特色在于有一套相对成熟的现代化、科技化的农业体系。新农业模式可以说是典型的现代化农业体系模式，它是用现代科学技术改造农业，用现代物质条件完善农业，用现代产业体系提升农业，用现代经营模式推进农业，用现代知识培育和提高农民素质，提高土地生产率、资源利用率和农业劳动生产率，增加农业效益和竞争力，是一种适应新农村建设的现代化理论体系。新农业又是一种科技化农业，它综合运用各类科学技术，不仅包括应用于农产品生产阶段的农艺技术，还包括运用于育种阶段、育苗阶段及物流阶段的生物技术、信息技术，将现代化信息技术运用于田间管理、农产品流通等，相比传统农业，技术优势俨然成为新农业的特色。

（2）市场化的运作模式

新农业从生产到销售整个产业链打破了原有传统农业封闭式的自给自足状态，其运作的整个模式都在向市场化、组织结构化靠拢。新农业的农产品生产已完全公开化、市场化，生产的整个过程可通过现代各种新型媒介传播方式展现在大众面前，农产品的销售已不再局限于传统的区域性的出售，而是通过对外流通，甚至出口，具备了市场化特征。新农业的单位生产组织形式也渐趋结构化，相较之前以家庭为主要单位的分户经营的生产模式，新农业生产模式更加结构化。运用现代化的科学管理加以组织经营，以公司、集团为单位，进行农业的生产、流通、运营及销售等，这些都表明新农业体系已具备了相对完善的市场化、结构化的运作模式。

（3）可持续的发展模式

随着生态文明这一主题的提出及应用，新农业方面的发展与建设也得到了积极的响应，生态化趋势明显。"生态""绿色""环保"已经成为新农业体系的核心概念。目前我国的新农业已不再停留在以现代高新农业技术来提高农业经济效益的模式上，而是采用了更为环保的生产方式及利用方式，以保证农业发展的可持续性，并将现代高新技术运用到农业生产中。新农业在提高农产品数量和质量的同时致力于治理传统农业带来的环境污染，并严防新的污染状况的发生。发展新农业，致力于生产品种优良、无公害、无污染的有机农产品。这种农产品的市场需求大，价格高于同类普通农产品，但仍深受大众喜爱。生态型新农业的健康发展有力地带动了新农业本身的强势发展，强化了新农业在当下激烈的竞争环境中得以立足的优势。

新农业突破了原有的发展模式，进入了一个集传统农业生产、特色观光农业与农业节庆为一体的全方面、多方位发展的新阶段。新农业所涉层面甚广，内容多从内到外、从生产到销售、从传统到现代、从田间到餐桌、从分散到集中、从第一产业到第三产业，兼顾生产、生活、生态等诸多方面，立足于现实发展阶段，最大限度发挥农业在经济发展中的引擎作用，以建设新农村，适应现代化区域经济转型发展过程的需要。

2. 新农业，新趋势

新农业的发展在国际和国内都已经渐成趋势。

（1）新农业发展的国际趋势

国际上新农业发展的典型模式是全产业链经营。这一模式最早出现在19世纪50年代的美国，目前在西欧、日本、加拿大等发达国家占据主流。当前，国际上大的农业类公司大多采取了产业链经营的模式。如垄断性地控制了目前世界粮食市场80%交易量的国际"四大粮商"A（ADM，Archer Daniels Midland）、B（邦吉，Bunge）、C（嘉吉，Cargill）、D（路易·达孚，Louis Dreyfus），均在全球范围内配置其生产、流通、加工、销售体系，其经营范围从实体经济深入农业金融产品，甚至衍生品的交易。

ADM公司是世界第一谷物与油籽处理厂、美国最大的黄豆压碎处理厂和玉米类添加物制造厂、美国第二大面粉厂、世界第五大谷物输出交易公司、美国最大的生物乙醇生产商。公司愿景是成为全球最受尊敬的农产品企业。

邦吉公司定位于全球领先的农业和食品企业，通过全球化的综合运营，提供从田头到终端的产品服务。邦吉公司为巴西最大的谷物出口商、美国第二大大豆产品出口商、第三大谷物出口商、第三大大豆加工商，是全球第四大谷物出口商，并且涉足纺织、化肥、油漆以及银行等行业。

嘉吉公司是美国最大的玉米饲料制造商，是美国第三大面粉加工企业，屠宰、肉类包装加工厂以及最大的猪和禽类（如肉鸡、火鸡）养殖场。粮食输出和交易业务居世界第一，是美国第二大私有资本公司，拥有超过100亿美元资产的避险基金——黑河资产管理公司，并从事生物工程研发等。

此外，新加坡丰益国际集团在食用油领域实现了从种植、加工到渠道和品牌所有环节的控制，旗下的益海嘉里投资有限公司是中国植物油行业十强企业之一，控股、参股"金龙鱼""胡姬花""福临门""鲁花"等食用油品牌，成为国际知名的油脂业寡头。

（2）新农业是中国农业转型的必然要求

新中国成立以来，中国农业在经营体制和经营方式上均发生了显著的变化，在经营方式和经营手段方面，经历了传统农业、农业机械化、农业专业化的发展，目前正在向现代化、综合化的新农业转型。

中华人民共和国成立之初，借鉴苏联集体农场经验，确立了"农业的根本出路在于机械化"的发展思路，在高度集中的计划经济体制下，着力发展壮大农机工业，推进农机产品的标准化、系列化、通用化，在改革开放之前基本奠定了中国农业机械化的基础。改革开放以来，在继续推进机械化的同时，与家庭承包联产责任制的经营体制相适应，中国进入了农业专业化的发展阶段，即在保证粮油棉主产区和主要农业产品稳步增长的基础上，鼓励农业按照市场的需求，因地制宜，进行区域化、专业化发展，由此出现了像寿光蔬菜、苍山大蒜等众多区域农业专业化典型，中国农业的市场化、国际化程度大幅提升，经营效益显著提高。

当前，我国正处于农业发展方式的深刻转型期。农业发展虽取得了巨大成就，但农业基础依然薄弱，经营规模小、科技支撑不足等问题突出，土壤退化、毒化问题严重，生态环境破坏严重，食品安全问题日趋严峻，发展走向现代化、综合化的新农业已经是刻不容缓。为此，《全国农业和农村经济发展第十二个五年规划》明确提出要"坚持把加快推进农业现代化作为主攻方向",要求"必须按照高产、优质、高效、生态、安全的要求,加快转变农业发展方式,深入实施科教兴农和人才强农战略,强化基础设施和物质装备条件建设,促进农业生产经营专业化、标准化、规模化、集约化,提高农业综合生产能力、抗风险能力和市场竞争能力"。2015年中央"一号文件"首次提出"推进农村一、二、三产业融合发展",揭示出农业现代化的根本路径和方向是转变生产组织方式,从产品经营走向产业化,将农业变成综合产业,使产销融为一体,提高流通效率,实现产品增值,从而从整体上提高包括特产在内的农业经济效益。

目前,全国一些经济发达、农业先进的省份已经在加速推进新农业建设。江苏省着力推动以加工业发展为主体,带动"接二连三",以旅游业为主体,带动"隔二连三",以互联网为平台带动"加二连三"。山东省是全国农村三产业融合试点省份之一,正围绕农村产业融合模式、主体培育、利益分配等积极开展试点,加快推动互联网、物联网、云计算、大数据与现代农业结合,构建依托互联网的新型农业生产经营体系,促进智能化农业、精准农业发展,形成农村多元化新产业、新业态。

3. 新农业,新优势

（1）新农业有助于农民收益提升和脱贫致富

新农业是农业发展的"助推器",是农村经济发展的增长点。新农业正成为区域性经济发展的重要支柱产业。新农业的发展,对充分挖掘农业潜力、带动区域经济发展,有着重要的作用。创意农产品成为出口创汇的主要产品。新农业产品已不再局限于传统自给自足的内部供应,新农业实现从生产到销售的利益最大化,极大地增加了农民的收入,改善了农民的物质生活,提高了农民的生活水平和生活质量,进一步缩小了城乡差距,对于消除城乡二元结构,推进城乡一体化,努力逐步实现共同富裕具有重要意义。

（2）新农业具有良好的社会效益

新农业在提高农民物质生活水平的同时,也改善了农民的素质和农村的风貌。新的农业模式、体系、政策及制度潜移默化地影响着农民,提升了他们的素质,加强了农民的文化修养。另外,新农业模式下的观光农业、生态农业、旅游农业等，改善了农村的生态环境，强化了农民与城市居民及外来人口之间的联系，拓宽了农村农民的视野，提升了农民的审美品位。

（3）新农业生态效益显著

新农业是集生态农业、绿色农业、有机农业等为一体的农业发展模式。新农业将科技创新、制度创新、产业转型、新能源的开发利用等多种手段融为一体，尽可能地减少资源的浪费，通过集约化生产，减少化肥、农药、水等的使用，最大限度地控制对环境的污染，保证了真正的绿色有机食品的产出与销售，从而实现了农业生产的绿色发展与生态环境的有效保护，使生态环境和生存环境得到极大的改观。

截至目前，新农业发展虽然取得不少突破，但也面临着很多瓶颈。新农业是一种"大农业"，它不仅仅包括传统农业方面的种植业、林业、畜牧业和水产业等，还包括产前的农业机械、农药、化肥、水利和地膜，产后的加工、储藏、运输、营销以及进出口贸易等。它是一种以资本高投入为基础，以工业化的生产手段和先进的科学技术为支撑，与社会化的服务体系相配套，用科学的经营理念来进行管理的农业形态。发展新农业，需要的是有知识、懂技术、会经营、善管理的现代新型农民。而现在很多从事农业生产的劳动者是原本直接从事传统农业，他们执着于传统的农业生产过程，对新技术、新方式一时难以掌握，并且一部分人安于现状，不愿意去学习新的本领或技术，不愿意接受一些新的农业知识，造成了在新农业发展方面人才的短缺；发展新农业，需要先进的科技做支撑，但现有的农村专业服务机构设置不科学，分工过细，又分头管理，缺乏统一的领导，很难发挥统筹协调、综合服务的功能；更重要的是，发展新农业，需要道路、网络通信、仓储物流等基础设施的支撑，需要财税、金融、法治等体系的支持。如此，才能实现农业产业模式升级、产品模式升级、土地开发模式升级，才能跨越一、二、三产业，实现产业链相加、价值链相乘、供应链相通，实现农业生产美、农村生态美、农民生活美。

（二）以文化创意引领新农业发展

新农业实际上是以农业、农村、农民为主导性要素，融合工业、旅游、文化、商贸、物流、创意、娱乐、博览等关联产业中的一个或多个要素形成的复合型产业。在新农业的发展中，实行"文化创意＋"的策略，具有重要的价值。文化创意之于新农业，是一种资源的注入，一种智力要素的支撑，也是一种业态的融入。

1. 文化创意，拓展新农业发展视野

发展新农业，首先要对农业的价值有多维度的认识。农业是最古老的产业，是国民经济的基础产业，其基础地位首先体现为"民以食为天"，农业解决的是人的基本生活需求问题；其次体现在农业是"母亲产业"，农业为轻工业以及现代生物产业等众多行业提供原料，是这些产业的起点。同时，农业是地球上最大的生态系统，是人类生存的基础。农业还是文化传承的重要载体，承载着人类群体在漫长的农耕时代积累的珍贵记忆和丰富智慧。农业的基础地位，揭示了农业发展对于满足人类食物需求、工业发展、生态保护和文化传承的重要意义和价值，新农业发展的前提，是在对农业多维价值认识的基础上对产业跨界融合进行创新性思考，特别是要充分认识到农业在与现代技术相结合、与现代生活相适应的过程中，所产生的新的可能、新的价值。如农业与现代生物技术相结合，形成生物能源产业、生物医药产业、生物新材料产业以及新型保健食品、功能食品产业等，农业与工业化、城市化发展趋势相适应形成观光农业、休闲农业、养老农业，农业与电子商务结合形成智慧农业，农业与节庆娱乐结合形成农事节庆、农业嘉年华等。

2. 文化创意，为新农业发展提供文化资源

"文化创意＋新农业"，加的首先是文化资源。一是产品文化，诸如有特色的制作工艺、有特色的生产习俗等；二是民俗文化，如有特色的节令节庆、饮食文化等；三是乡土文化，独特的自然环境、建筑人居、村规民约等。这些可以勾连起人们的乡愁、记忆的要素，既可以提升产品的文化价值，也可以增强产业的吸引力。

3. 文化创意，为新农业发展提供智力支撑

新农业是一种现代产业，不论采取哪种业态，都离不开智力的支撑。智力对新农业发展的支撑，主要体现在三个环节。一是产品的创新性开发。利用农

村的生产、生活、生态"三生"资源，发挥创意、创新构思，研发出独特的创意农产品或活动，以提升现代农业的价值与产值，创造出新的、优质的农产品和农村消费市场与旅游市场。在以往的农业研究中，这一方面的工作一般被称作"创意农业"。二是产业和产品的品牌化运作。结合目标消费市场，对产业和产品进行品牌定位，利用现代化媒介手段展现品牌形象，传播品牌价值。这一方面的工作，在农业研究与实践中，被称作"品牌农业"。三是通过现代信息网络和电子商务平台进行农业产品销售，这项工作可称为"智慧农业"。"创意农业""品牌农业"和"智慧农业"都体现了创意和智力对新农业发展的支撑作用。

4. 文化创意，为新农业发展提供业态支持

从大的产业门类来看，新农业主要有四种形态：一是"接二连三"的全产业链融合；二是以工带农、"以二带一"的农业产业化；三是以文化、旅游等第三产业带动的"隔二连三"；四是以互联网应用为支撑的"加二连三"。这些形态中，除了单纯的农业产业化，都侧重第三产业的融入。具体到实践中，新农业大多是融合了文化创意产业的业态，如观光、休闲、度假、餐饮节庆、博览等，这些业态有的在新农业产业链、综合体中居于主导，有的处于支持地位，但对于新农业的发展都是必不可少的。

总之，新农业要发展、要突破，就应该积极引入文化创意思维，积极引入文化创意资源，积极开发文化创意业态；同时，农业、农村、农民的广阔天地，也为文化创意要素、产业提供了肥沃的土壤和发展壮大的根基。

二、文化创意：新农业的新业态

文化创意与农业的融合，形成了观光农业、有机社区、电商农业以及农业特色小镇等众多业态，在这些业态中涌现出诸多典型，为新农业的发展提供了新鲜的案例，这里以"花海经济"为标杆的婺源的油菜花为例。

（一）观光农业发展概况

观光农业是新农业中最常见的业态，它是农业与旅游业相结合，以农业文化和农村生活文化为吸引物，吸引游客前来观赏、品尝、购物、习作、体验休闲、度假的一种生产经营形态。

观光农业在国外起源较早，起初是自发状态，是"乡村游"的附属，后逐步进入系统规划设计阶段，先后出现了农业观光园区、度假农场、家庭农园、农业公园、乡村民俗博物馆、生态农业示范区等多种类型，从田间地头到厨房餐桌，游客看得见、住得下、吃得有滋味，有观察、有体验、有娱乐，十分喜欢这种模式。欧美、日本等高度工业化的国家中，农业观光已成为休闲生活趋势之一。20世纪90年代，我国的农业观光旅游在东部沿海大中城市开始兴起，并逐步向中西部拓展。我国农村人多地少，发展观光农业对于提高农民收益、吸纳农村劳动力具有重要意义。同时，我国地域广阔、地形地貌复杂，农业生态类型繁盛，加之农业历史悠久，民俗文化深厚，发展农业观光具有独特优势。近年来，各级政府大力推进美丽乡村建设，推动农家乐、渔家乐等乡村旅游发展，加之高速公路、高铁动车等交通设施的建设，为观光农业的发展提供了有力的支持。

我国的观光农业，已经出现了观赏型、品尝型、购物型、劳作型、娱乐型、疗养型、度假型、养老型等多种类型，出现了众多的典型案例，其中江西省婺源县油菜花经济，是以观赏为主导形态的观光农业，是较早开始尝试也是颇负盛名的观光农业典型。

（二）婺源油菜花经济发展概况

在"中国最美的乡村"江西省婺源县，人们不再单纯把油菜当作一种农作物，因为其不仅可以提炼菜籽油，更为可贵的是可以培育油菜花景观，吸引大量的城市游客观赏，给农民带来了不菲的收入。

在婺源县，人们把油菜花当作农民的"金花"。这里的油菜不仅产量较高，而且油菜籽榨油后加工制作成菜籽饼，营养丰富，价格便宜，既降低成本又生态环保，是一种理想的鱼饲料。这里油菜花的大面积种植同时也带来了养蜂业的蓬勃发展，纯天然蜂蜜产量极高。每年三四月份，正是油菜花绽放的季节，江西省婺源县10万亩的油菜花竞相盛开，把乡村田野装扮得一片金黄，吸引着四面八方的赶花游人，每天全国数以万计的游客前来婺源踏青赏花，怒放的油菜花带火了婺源的旅游经济，强势拉动了以餐饮、住宿、购物为主的第三产业的发展。婺源县油菜花已经成为一种天然的、稀缺的文化资源，成为各类新农业模式竞相学习的典范。

（三）婺源成功经验

婺源县油菜花经济打造出了"中国最美油菜花海"，创造了集农业生产、文化建构、旅游观光为一体的创意农业发展模式，有力地带动了江西省婺源县经济、社会及生态效益的多方面提升。

1. "一花一籽"，实现收益多元化

"油菜开花，我们在家经营农家乐；油菜结籽，我们收获油菜籽。一花一籽，让我们每年都增加收入几万元。"这是一位婺源县油菜花种植户主的话。江西省婺源县油菜花经济模式的发展不仅仅停留在单纯的油菜这一农产品的生产种植上，也不单纯致力于打造"中国最美油菜花海"从而产生旅游观光效益，而是多方联动、综合平衡地向前发展，实现了第一产业与第二、三产业的合力发展。

（1）油菜花种植经济收益显著

据不完全统计，婺源县近几年的"油菜花经济"达到了每年近10亿元的规模。婺源当地所产菜油品质纯正，是当地著名的特产。每年6月左右，婺源县乡间榨油坊处处菜油飘香，该县10万亩油菜赚来又一笔收成——出油了。婺源农业部门曾算过一笔账：一亩油菜大约可收油菜籽300斤，榨油收入630元左右，10万亩油菜的菜油收入非常可观。油菜籽榨油后的菜籽饼，营养丰富，是一种理想的鱼饲料。为策应建设鄱阳湖生态经济区和发展生态旅游的需要，婺源县养鱼户有500多家，该县严禁在山塘水库使用化肥养鱼，这给菜籽饼带来了广阔的市场。每年油菜籽开榨季节，菜籽饼总是被养鱼户抢购一空。用菜籽饼喂鱼，不但成本低，而且没有任何污染。这里所产的鱼肉肉质鲜嫩，市场广阔，每年该县用菜籽饼喂养的商品鱼收入达4230万元，渔民人均增收800多元。同时，油菜花的大量种植也带动了当地养蜂业的发展。据不完全统计，整个婺源县有400多户的蜂农养殖蜜蜂3635箱，其中养蜂大户有30余户。这种纯天然蜂蜜纯正香甜，村里人把

他们精心制作出来的蜂蜜拿到景区去卖，供不应求，仅油菜花开花期间卖蜂蜜所得就可增收65万元。

（2）油菜花景观收益颇丰

婺源的油菜花经济与文化创意相结合，使其产业链不断延伸，这在一定程度上助推了婺源旅游业、养殖业、影视经济业等相关行业的快速发展。据当地农业信息网报道，每年婺源油菜花经济收益都能达到近10亿元。

江西省婺源县与云南罗平、贵州安顺、青海门源一道，被广大驴友并称为中国"四大油菜花海"。环境原因，江西婺源县的油菜花开花时节早于其他地区，每年的三四月份，婺源10万亩油菜花把乡村田野装扮得一片金黄，吸引着四面八方的赶花游人，强势拉动了以餐饮、住宿、购物为主的第三产业的发展。每年油菜花盛开季节，婺源县的164家宾馆和420家农家旅馆全部爆满。素有"天上人间"花海美誉的溪头乡江岭景区近万亩油菜花，数百级梯田从山脚一直延伸向天边，成了游客观光的首选地。江岭村140多户人家现今都凭着"卖"油菜花，过上了富裕的日子。李坑景区的油菜花盛开于徽派农舍间，与小桥、流水、人家、古树等遥相呼应，构成了一幅秀美的江南春光图。花开期间，李坑景区的村户平均增收6000多元。

近年来，婺源县还利用得天独厚的油菜花盛开优势，打出"中国最美花海"这一招牌，悄然带动了写生、模特、影视等新兴产业经济的发展，为婺源县带来了更为丰厚的收益。"今年春季，来自全国各地200多家美术院校的3万多名师生前来写生创作，他们在婺源一住就是半个月，甚至一两个月。按平均每人住宿半个月、平均每天消费70元计算，仅此一项每年就为县里增收近3150万元。"家住婺源县油菜花地带的村民在油菜花可供摄影写生这一项目中找到了另一个商机。花开时节，许多农民每天或头戴斗笠，身披蓑衣，在月亮湾景区划上一叶小舟，在河面上来回游荡，或赶着一头水牛，或肩挑一担木柴，或用红背带背着一个小孩，穿梭行走在油菜花田埂间，给写生绘画者与摄影爱好者当模特，旅游旺季每天能挣几百元。

油菜花开时节，国内许多知名的电影、电视剧组看好婺源，在此拍摄电影、电视剧，拍摄基地的落成及剧组的食宿费用都有力地拉动了婺源的经济。近年来，全国多个电影、电视剧在婺源拍摄影视剧达300多部，他们来到婺源拍摄外景，招募群众演员，群众演员几乎"就地取材"，许多农民踊跃"应征"。婺源县的许多农民做起了群众演员，实现了自己从未想象过的影视梦想，一天不仅有100多元的收入，还管吃饭，给农民增加了不菲的收入。

2. 多方联动，打造"中国最美油菜花海"

婺源县跳出传统意义上的单纯种植农作物油菜的思维，用文化创意理念来经营油菜花农业，用旅游理念打造花海，把油菜花经济作为促进生态农业与旅游业双向并举、双赢的工程来抓，着力打造"中国最美油菜花海"。

（1）油菜花种植生产的生态化、景观化

江西省婺源县特别重视油菜的种植与生产，在保证农民收益的前提下，大力推行农业生产种植的生态化、景观化。近几年来，婺源县设立20多万元油菜种植奖励专项基金，鼓励油菜种植，鼓励进一步扩大油菜花的生产，对油菜花的种植进行考评奖励。各乡镇政府也积极响应，纷纷采取有效措施，大力鼓励农民种植油菜。县农业部门还不定期派出农业技术人员深入景区，指导农民无污染、有机化种植，确保油菜花生产种植的生态化、绿色化，在技术方面指导农民做好防寒保花等工作，力图广泛种植优质油菜，从而由内而外地提升油菜花的品质。另外，该县还对部分土地进行了流转，由县旅游公司统一栽种油菜，确保油菜花海的整齐美观。现已完成油菜种植面积10多万亩，主要公路沿线两侧100米左右可视范围内油菜种植覆盖率达85%以上，景区景点周边可视范围内油菜种植覆盖率达90%以上。

为营造优美的旅游环境，婺源还在全县实施"花开百村"工程，涌现出一批"桃花村""梨花村"和"樱花路""栀子花路"等，四季有花、色彩斑斓。

"晒秋人家"篁岭景区得益于民间资本对"菜花经济"的"眼力"和活力，从众多藏匿在大山里的无名小村中脱颖而出。当地企业家注资3亿多元，采取转换产权的方式，用山下新建的洋房置换篁岭117户村民的老房子，对老房子进行修缮，在篁岭古村对面的水墨梯田里，种上油菜花、桃花、梨花、樱花等10多种花卉，层层梯田与"晒秋人家"交相辉映、天人合一。

围绕第二季花海打造工程，2012年，婺源农业部门在县域内进行了13个油葵品种示范种植，并获得成功。为将这一试验成果进一步推广，促进婺源乡村旅游业的快速发展，2013年，婺源农业部门与婺源旅游股份有限公司合作，竭力打造江岭景区二季花海。由县旅游公司负责整地400亩和日常管理，婺源农业局负责提供引进种子、育苗移栽、花期技术等管理服务。

（2）油菜花观光旅游的规模化、休闲化

江西省婺源县从油菜花起步，自然风光秀美且人文景观众多，有数十个原始古朴、颇具徽派建筑风格的美丽村镇散落在青山碧水间。野村寨颇有钟灵毓秀之气，有着天人合一、返璞归真的美妙意境，现已深深扎根于农业生产、农民生活和农村生态建设中，形成了"农旅结合、以旅促农、以农强旅"的独特的休闲农业与乡村旅游产业形态，实现了从特色乡村旅游向休闲农业与乡村旅游转变的华丽转身，创出了独具时代价值和示范推广意义的"婺源模式"。

婺源县以油菜花为立足点，倚靠得天独厚的地理环境优势，致力于打造"最美油菜花"旅游线路，尽可能实现旅游路径的规模化，实现农民增收、游客满意。婺源县的旅游线路是以紫阳县为中心，具体划分为东线、西线和北线。东线开发时间较早，也是目前旅游最热的一条路线，西线和北线因地理位置较偏远，发展缓慢，但都在努力强化自身优势来实现发展。

以篁岭景区为例，在婺源县篁岭景区，极目远望，油菜花把婺源乡村的田野装扮成了金黄色的花海，油菜花一朵朵、一簇簇，遍地金黄，陶醉着来自四面八方的赏花人，游人穿梭在花海里，拍照留念，好不惬意。大批游客的到来带火了该地区的经济。

江西省婺源县油菜花经济的发展促使该地农业休闲功能得以提升。休闲农业与乡村旅游的结合发展促使农村各种资源要素迅速升值。到婺源县进入油菜花的世界，忘却世俗的生活、工作等烦忧，陶醉于油菜花的馨香之中，惬意无比；住进婺源县特有的土建筑中，远离办公室、电脑的束缚，拿起锄头学农民干点活，出点汗，也能得到前所未有的"归园田居"的满足；享用及购买景区附近和县城周边农民自产的蔬菜、土鸡鸭、风味小吃、高山茶和土蜂蜜等，不仅可以享受农家乐的恣意，还可以品尝纯天然、有机的食品，这都是令人向往与留恋的。

婺源县乡村旅游经济的发展，实现了集观光、休闲、养生、度假等为一体的规模化发展目标，婺源将休闲农业与乡村旅游结合发展摆在突出位置，通过一、二、三产业的融合发展，使婺源农业的经济效益最大限度得以放大。

（四）发展瓶颈及突破方向

在观光农业兴起之时，婺源县油菜花经济因为起步较早，思路较活，得以先行一步，成为国内观光农业发展的典范，但发展中也面临着一些障碍和瓶颈。

（1）市场竞争激烈，同质化问题严重

婺源县在全国率先树立了自己的品牌，其较高的投资回报率与社会效应也引发了国内外同类资源地区的模仿与复制，优势渐渐被削弱。

（2）分散化经营导致内部资源潜力得不到有效发挥

婺源县油菜花经济虽然具有整体优势和规模效应，但也出现了市场及游客分散化的情况。整个区域旅游线路的设计衔接性不强，游客们参观完一条线路就容易忽略掉其他的线路，即使参观多条路线也是大同小异，缺乏更多、更深层次的体验。同时，各村、各合作社、各企业之间缺乏整合与协调，内部竞争激烈，不仅影响了婺源县地区的整体形象，也影响了整体利益的提升。

总之，观光型新农业由于可以直接依托农业、农村的资源，发展相对容易，这也是这种形态的农业得以迅速、大面积兴起的原因，但也由此带来了产业深度不足、同质化、竞争激烈的问题。要走出这一困境，需要在提升产业的深度上下功夫，加强旅游产品的深度开发，从观光型农业逐步向度假型、娱乐型、疗养型、养老型过渡，提升产业的附加值。从政府的角度，一是要加强产业发展的整体规划和政策措施的顶层设计，引导产业和区域发展转型升级，加强当地旅游资源、文化资源如古树、古民居等的保护；二是要推动产业升级，扶持打造一批旅游精品、一些农业综合体重点旅游项目；三是要加强旅游线路的规划设计，尽可能让游客稳得住、留得下；四是要加强区域旅游品牌的建设，获取更多更优质的客源；五是要将农业旅游开发与美丽乡村、特色小镇建设等有机结合，让"中国最美油菜花海"更加绚丽。

参考文献

[1]白藕. 新时代文创产品设计[M]. 北京：清华大学出版社，2023.

[2]陈博. 文创设计与产品化[M]. 天津：南开大学出版社，2021.

[3]陈广明. 文创产品设计开发与创新研究[M]. 长春：吉林摄影出版社，2023.

[4]郭李贤. 博物馆文创产品设计开发策略与创新思路研究[M]. 北京：中国纺织出版社，2022.

[5]黄敏. 传统文化视域下的文创产品设计与开发创新研究[M]. 北京：九州出版社，2024.

[6]李典. 博物馆文化创意产品开发设计与发展思路研究[M]. 长春：吉林人民出版社，2020.

[7]刘林. 基于用户体验的文创产品设计[M]. 长春：吉林大学出版社，2023.

[8]刘晓彬. 文化创意产品设计研究[M]. 长春：吉林出版集团股份有限公司，2024.

[9]卢菲，王晨，曹海艳. 文创产品设计开发[M]. 北京：中国纺织出版社，2023.

[10]吕天娥. 文化创意产品设计开发研究[M]. 北京：文化发展出版社，2024.

[11]孟媚，刘哲. 文创品牌策划与设计新思维[M]. 北京：中国戏剧出版社，2024.

[12]施天驰. 文创产品设计开发研究[M]. 长春：吉林出版集团股份有限公司，2023.

[13]宋晓辉. 中国传统文化意象与文创造型艺术跨文化融合的视觉传达设计创新研究[M]. 北京：中国商业出版社，2022.

[14]万祖兵. 基于体验经济的文化创意产品设计与应用研究[M]. 长春：吉林人民出版社，2021.

[15]王健. 文创产品开发理论与实践[M]. 北京：中国商业出版社，2021.

[16]王菊. 文创产品开发与创新设计[M]. 西安：西北工业大学出版社， 2020.

[17]谢青君. 文创产品设计开发与创新研究[M]. 长春：吉林出版集团股份有限公司， 2023.

[18]杨卉. 现代艺术设计理论与文创设计创新研究[M]. 长春：吉林出版集团股份有限公司， 2024.

[19]杨静. 文创产品设计与开发[M]. 长春：吉林美术出版社， 2019.

[20]杨璐莎. 文创产品设计与开发实践[M]. 北京：中国广播影视出版社， 2022.

[21]詹伟锋，谢霖. 文创产品设计[M]. 厦门：厦门大学出版社， 2022.

[22]周睿，费凌峰，高森孟. 文创产品设计开发与实践[M]. 北京：化学工业出版社， 2023.

[23]庄海峰. 博物馆多元文化创意产业创新探索研究[M]. 长春：吉林出版集团股份有限公司， 2023.